丛书编委会

总　策　划：来新国　王文成

编委会主任：郭齐勇　周晓亮

编　　　委：来新国　陈知涯　张　彧　尹格韬　沈　众

王文成　孟淑贤　周长志　罗养毅　秦　丹

乌　琛

大家精要

颜之推

夏炎 著

陕西师范大学出版总社

图书代号 SK16N1399

图书在版编目（CIP）数据

颜之推 / 夏炎著. —西安：陕西师范大学出版总社
有限公司，2017.1（2024.1重印）
（大家精要）
ISBN 978-7-5613-8713-9

Ⅰ.①颜… Ⅱ.①夏… Ⅲ.①颜之推（531—约595）—
传记 Ⅳ.①K825.6

中国版本图书馆CIP数据核字（2016）第271380号

颜之推　YAN ZHITUI

夏　炎　著

责任编辑	宋媛媛	
责任校对	彭　燕	
封面设计	张潇伊	
出版发行	陕西师范大学出版总社	
	（西安市长安南路199号　邮编 710062）	
网　　址	http://www.snupg.com	
印　　制	永清县晔盛亚胶印有限公司	
开　　本	650 mm×930 mm　1/16	
印　　张	10	
字　　数	100千	
版　　次	2017年1月第1版	
印　　次	2024年1月第2次印刷	
书　　号	ISBN 978-7-5613-8713-9	
定　　价	45.00元	

读者购书、书店添货或发现印刷装订问题，请与本公司销售部联系、调换。

电话：（029）85303879　　传真：（029）85307864　85303629

目　录

附录

第 1 章

家学深厚

一、琅玡颜氏

提起颜之推，也许人们对这个名字不甚熟悉，但如果说起《颜氏家训》，相信大家都略知一二。在倡导国学复兴的今天，市面上关于《颜氏家训》的书籍已近百种。无论是对原文的译注，还是今人对该书的解读，种类繁多的《颜氏家训》版本，着实令人眼花缭乱，目不暇接。同时，《颜氏家训》还被列入了"中华经典""国学经典""传世经典""中华国粹""启蒙经典"等系列丛书之中，在短短的几年间，其文化价值得到了迅速提升。这里，我们姑且不对这些文化现象进行评判，但有一点可以肯定的是，众家出版社之所以会不遗余力地重复出版《颜氏家训》，是由于该书无论在过去还是对于现代人来说，都具有借鉴意义，它在中国文化史上的重要性和影响力不容低估。

《颜氏家训》是我国现存最早、体系完整、内容丰富且对后世影响深远的一部成熟性家训著作，它的作者便是一生坎坷，历仕萧梁、北齐、北周、隋四朝的颜之推。

颜之推在总结自己的一生经历时，曾说他"生于乱世，长于戎马，流离播越，闻见已多"。坎坷的仕宦道路和丰富的人生阅历，使得颜之推在北齐任官期间，即开始着手撰写一些个人的为人处世心得，用以训诫子孙。经过长期的积累，在隋平陈（589）之后，已经步入花甲之年的颜之推最终完成了《颜氏家训》的撰写。在这一多年的夙愿实现后不久，颜之推便与世长辞了。可以说，《颜氏家训》是颜之推对自己一生修身、治家、处世、为学经验的总结，因此要了解《颜氏家训》及其思想精华，就要先从颜之推丰富的人生经历讲起。

颜之推出生在一个官宦人家。他的祖籍是琅玡临沂（今山东临沂市北）。琅玡的历史非常久远，春秋时期称琅玡邑，位于齐国境内。秦朝时，在琅玡邑的基础上设置了琅玡郡，并设琅玡县作为治所。东汉时，琅玡郡又改称琅玡国，临沂是琅玡国的一个属县。

琅玡是一块孕育名门望族的宝地，中古时期的煊赫家族琅玡王氏便发源于此地，晋朝中兴名臣王导、书圣王羲之等都是琅玡王氏成员，琅玡诸葛氏的名人就是那位鞠躬尽瘁、死而后已的蜀相诸葛亮。在琅玡的诸多名门中，琅玡颜氏也是中古时期一个有名的世家大族。颜之推曾在《颜氏家训》中说："颜氏之先，本乎邹鲁。"这里的邹鲁指的是今山东曲阜一带。可见，颜氏的先祖很早便在今山东曲阜一带定居，可以说是大圣人孔子的同乡。颜之推一生中一直将邹鲁作为自己的第一故乡，他还为自己的长子取名为"思鲁"，以表示对原郡的难忘。颜氏在曹魏时逐渐兴起，颜斐和颜盛是颜氏家族发展历程中的两个重要人物。颜斐，字文林，有才学，曾被曹操提拔为太子洗马，曹丕建魏后，又任黄门侍郎和京兆尹，都是地位较高的职位。颜盛，字叔台，任青、徐二州刺史，职掌地方军政大权。在颜盛任徐州刺史时，还发生了一件在颜氏家族发展史上具有里程碑意义的事件，那就是颜盛将颜家迁到了当时徐州境内的琅玡国临沂县。从那时起，琅玡颜氏便作为中古时期世家大族的一员开始发端，而颜盛也就成了琅玡颜氏的始祖。

颜盛生颜钦。颜钦，字公若，官居广陵太守、给事中，精通《韩诗》、三《礼》、《周易》、《尚书》，是当时学人的榜样。颜钦生颜默。颜默，字静伯，在西晋任汝阴太守，也是博学多才，有乃父之风，在当地小有名气。

就在颜氏一家安稳度日之时，西晋末年的内乱以及少数民族政权的入主中原，使司马晋政权陷入了重重危机。琅玡王司马睿在危难中渡过长江，偏安江左，建立东晋王朝。在司马睿南渡的过程中，有一部分世家大族成员仍然留在北方加入到少数民族政权之中，如清河崔氏、范阳卢氏、颍川荀氏、河东裴氏、北地傅氏等。一些人或远离官场，伺机待发；或结坞自守，以求自救。如颍川庾衮率领着族人在禹山自保，高平郗鉴携千余家避难于鲁之峄山。一些曾经仕于西晋的江东士人避祸自保，如吴郡顾荣、张翰等纷纷辞官南归。还有一些北方世家大族则选择了渡江避难，当时，"中原冠带随晋渡江者百家"，如琅玡王氏、太原王氏、颍川庾氏、陈郡谢氏、陈郡袁氏、谯郡桓氏等纷纷选择过江南下，寻找新的机遇，此后，他们中的大部分人都成为东晋王朝的政治骨干。琅玡颜氏便是渡江"百家"之一。

将颜家迁到江南的是颜默之子颜含。自此，颜家便在建康（今江苏南京）南的长干定居下来，颜家居住的小巷从此也被称为"颜家巷"。

颜含，字弘都，从小就非常有操行，是一个十分踏实肯干的人。颜含兄弟三人，长兄颜畿，次兄颜辇，颜含最小。长兄颜畿曾病重，颜含为了替母亲嫂嫂分忧，便专心照料哥哥，十三年间足不出户。当时的富豪石崇十分看重颜含的这种兄弟友爱之情，便以珍馐美味相赠，却被颜含委婉地推辞掉了。不久，颜含的父母和两个哥哥都相继撒手人寰，颜含便毅然一个人挑起了家庭的重担。颜含的二嫂樊氏因病双目失明，颜含便尽心奉养嫂嫂，每天都要亲自尝药，询问病情，衣不解带。功夫不负有心人，二嫂的眼疾终于在颜含无微不至的关怀和照料下痊愈了，从此颜含的孝行远近闻名。很快，颜含便踏上了仕途。他先是在东海王司马越帐下任太傅参军，还到地方做过闾阳县令。在司马睿镇守下邳时，颜含又做过参军。司马睿过江后，颜含历任上虞县令、王国郎中、丞相东阁祭酒、东阳太守等官职。司马睿将其长子司马绍立为太子后，颜含凭借着家传的深厚儒家门风，被任命为太子中庶子，忠心辅佐太子。不久又升任黄门侍郎、本州大中正，历任散骑常侍、大司农。

成帝司马衍即位后，皇太后庾氏临朝称制，重臣王导和庾亮作为辅政大臣，职掌朝纲。庾亮执政后，爆发了苏峻之乱。此时，颜含坚决站在东晋朝廷一方，加入到讨伐苏峻叛军的行列中，因功被封为西平县侯。随后，颜含又官拜侍中，被任命为吴郡太守。这天，宰相王导遇到了即将上任的颜含，便问道："如今你将要出任一个名郡的太守了，你认为什么是为政的当务之急呢？"颜含不假思索地答道："长年的战争，致使户口减少，与此同时，地方的豪强又纷纷招纳流民，扩充私人势力，严重影响国家户籍的正常发展，这是您作为宰相应该担忧的事啊。我认为，当前的头等大事就是从这些地方豪强的手中将老百姓召回，让他们回到土地上，恢复务农种桑。而在此基础上，如果想在数年之间，让百姓家家富足，安居乐业，恢复礼乐教化，那就需要一位贤明的宰相了。"王导听后，觉得有几分道理，但他又认为当时地方豪强势力强大，不可轻举妄动。如果颜含出任吴郡太守，一定会对当地的豪强采取严厉的措施，不利于地方的稳定。于是，王导便上奏皇帝，取消了颜含吴郡太守的任命，仍然将颜含留在了中央，任为侍中。颜含深知其意，一笑置之。不久，颜含又任国子祭酒，加散骑常侍，升任光禄勋。

晚年，颜含以年老申请退休，得到了成帝的恩宠。颜含为人正直务实，拒绝浮华，不重权势，与世无争，他与当时的清正名士如邓攸、周颐、卞壶等人都是好朋友，而当权臣桓温欲与颜含结亲之时，却遭到了他的严词拒绝。

颜含活到了九十三岁，死后的谥号为靖。经过颜含的努力，琅玡颜氏在东晋进入了发展的高峰时期。

二、之推父祖

颜含生有三子：颜髦、颜谦、颜约。颜髦历任黄门郎、侍中、光禄勋；颜谦官至安成太守；颜约曾任零陵太守，并名重当世。其中，颜髦这一支是颜之推的直系祖先。

颜髦，字君道，从很小就秉承了颜家的优良家风，与其父颜含一样，也是一个远近闻名的大孝子。颜髦长大成人后，风度翩翩，一表人才，顺利进入仕途，当时的大司马桓温赞叹道："颜侍中不愧为国家的希望，中枢的关键人物啊。"颜髦生颜绲。颜绲，字文和，曾任州西曹骑都尉。颜绲生颜靖之。颜靖之，字茂宗，在刘宋任宣城太守、御史中丞。颜靖之生颜腾之。颜腾之，字弘道，在刘宋任巴陵太守、度支校尉，擅长草、隶书，有自己的独特风格，后得到梁武帝萧衍的赞许。颜腾之生颜炳之。颜炳之，字叔豹，也以擅长书法闻名。颜炳之生颜见远。颜见远就是颜之推的祖父。

齐和帝萧宝融即位前，颜见远在萧宝融的荆州刺史府中担任录事参军。齐和帝是南朝的第二个朝代齐的最后一个皇帝，永元二年（500）十一月，萧衍在襄阳（今湖北襄樊）起兵，讨伐皇帝萧宝卷。萧宝融就是在这个时候被萧衍拥立为帝的。

萧宝融做了皇帝，曾在萧宝融手下任职的颜见远顺理成章地做了治书侍御史，不久又兼御史中丞。他博学多才，志行高远，为官清廉，正色立朝，朝野称颂。可惜好景不长，萧宝融这个皇帝只做了一年多的时间，中兴二年（502）三月，他就把皇位让给了当年拥立他的萧衍。萧衍便是梁朝的建立者梁武帝。当然这个皇位是主动让的，还是被逼让的，就不好说了。反正萧衍当了皇帝后，萧宝融的人生也就走到了尽头。忠君重义的颜见远在得知萧衍登基，萧宝融遇害的消息后，无比悲愤，竟然绝食数日而死，追随萧宝融而去。梁武帝萧衍听说此事后不解地说："我做皇帝是顺天意应民心，这与天下士大夫们有什么关系呢？颜见远何必如此啊！"梁武帝十分钦佩颜见远的忠烈行为，既赞叹又惋惜。或许我们可以说颜见远愚忠，但他就是这样一个有气节、不肯苟且偷生的人，是那个时代士大夫的典型代表。

随着萧宝融的退位，仅仅维持了二十三年的萧齐政权寿终正寝，而另一个由萧氏建立的新的朝代梁朝拉开了帷幕。颜之推的父亲颜协就生活在那个时代。

颜协，字子和，是颜见远的独生子。见远死后，颜协就成了孤儿，好心的舅父收养了他。颜协的舅父谢暕，是当时的名族陈郡谢氏成员。谢暕死后，颜协为了报答舅父的养育之恩，在居丧期间以伯叔之礼待之，颜协的这一孝行，被时人所称道。

颜协生于乱世，却长于治世。梁朝是一个文化事业高度发展的时代，这当然得益于梁武帝萧衍的影响与提倡。梁武帝不仅有雄才大略，而且文武全才，被当时的名流所推崇。他博学多才，琴棋书画，无所不通。竟陵王萧子良曾经开西邸，招揽文学之士，那时，萧衍与沈约、谢朓、王融、萧琛、范云、任昉、陆倕经常往来，号称"竟陵八友"。萧衍在文学方面造诣颇深，尤其擅长写诗。称帝后，萧衍又经常招聚文人学士，以赋诗为乐，从而推动了梁代文学风气的兴盛。除了诗歌创作，萧衍一生在经学、史学、音乐、绘画等方面也有着独特的贡献。萧衍算得上是南朝的一位文人皇帝，虽然他以军功起家，夺取了萧齐天下，但他对文学的爱好却是日久弥坚。称帝后，尽管日理万机，他却始终没有忘记读书。处理完公务后，他常常手不释卷，彻夜苦读。这样的皇帝在当时是不多见的。也正是因为有了这样一个文人皇帝，才使得这个时代的文化气息极为浓郁。

颜协虽幼年丧父，但家族中深厚的文化渊源却熏染着他。从很小的时候，他就对读书产生了浓厚的兴趣，几年下来，他已博览群书。在书海中徜徉的同时，受其高祖、祖父的影响，他又迷上了书法，他最擅长的是草书、隶书和飞白书。飞白书是一种流行于汉魏的书法形式。相传东汉灵帝时在整修鸿都门的工程中，工匠们曾用刷白粉的帚写字，被蔡邕所看重，是他将这种书法称作"飞白书"。这种书法形式，在笔画中会露出白色空隙，宛如用枯笔所写。颜协曾仿效书法名家范怀约的风格练习隶书，当时荆、楚地区的碑碣大部分都是颜协所写。

颜协幼年的不幸造就了他非凡的气度和不从流俗的性格，

少年时便以气度不凡著称。然而父亲惨死的阴影却始终笼罩在他心头，挥之不去。尽管他才华横溢，尽管他有诸多的机会到朝廷为官，一展宏图，但他对此却毫无兴趣，从不接受朝廷的任何任命，只在地方游历效力。一次，他遇到了湘东王萧绎。

萧绎是梁武帝的第七个儿子，侯景之乱后，梁朝的宗室诸王纷纷割据，萧绎便称帝于江陵，是为梁元帝。不幸的是，他这个皇帝只做了一年多时间，就被杀了。颜协拜会他的时候，他还是湘东王。

萧绎十分赏识颜协的才学，便把颜协留在身边，任命他为湘东王国常侍，并兼任王府记室，颜协从此踏上了仕途。普通七年（526）萧绎被任命为荆州刺史，镇守荆州，颜协也跟随萧绎去了荆州。由于其出众的才学，颜协越发受到萧绎的器重，升为正记室。颜之推就是在这一时期出生的。当时有会稽人谢善勋，擅长八体六文，在方寸大小的地方能写一千个字，京兆人韦仲以飞白书闻名于世，他们也都在湘东王府任职。谢善勋任录事参军，韦仲为中兵参军。时人认为在府中，颜协的书法优于韦仲而不及善勋。吴郡顾协也在萧绎府中任职，也以才学闻名于世，一个颜协，一个顾协，二人才学相当，被府中称为"二协"，传为美谈。

大同五年（539）七月，萧绎被升为护军将军。然而这一切颜协却没有等到，就在这一年，颜协去世了，享年四十二岁，葬在了江陵的东城。颜协死后，萧绎曾做了一首《怀旧诗》以示悼念。

颜协虽然英年早逝，不过还是留下了不少著作。其中有《晋仙传》五篇、《日月灾异图》两卷以及文集二十卷。这二十卷文集中包括诗、赋、铭、诔、书、表、启、疏，遗憾的是，这二十卷文集在一场大火中被付之一炬，没能流传于世。据说，颜协死后，颜之推兄弟三人忙于守丧，自然无暇对这些文章进行编辑整理，怎料一场火灾，竟使这些手稿荡然无存。后来颜之推每提及此事，都感到痛彻心扉。而对于后人来说，又何尝不是一场文化的灾难呢？颜协的文章典雅纯正，独树一格。梁末的文风注重音节、对偶、典故、辞采，用现在的话说就是轻内容而重形式，而颜协却不追随社会上流行的这种文风，因此他的文章被当时的文人认为没有郑、卫之音，不合潮流。所以萧绎尽管很赏识颜协的才华，但在编《西府新文》时，却并没有收录颜协的文章。原因很简单，他的文章不合当时人们的口味。然而，颜协的文风对颜之推的论文主张却有着极为深远的影响。

当然，颜协对后世最大的贡献在于他养育了我们这本书的主人公颜之推。

三、严谨家风

梁武帝中大通三年（531），颜协三十四岁时，他的第三个儿子在湖北江陵出生了，颜协为他取名之推。

之推有两个哥哥，大哥之仪，二哥之善。之推出生时，之仪已经九岁了。父亲颜协不仅博览群书，才华横溢，而且治家十分严谨。在之推很小的时候，父母就不断地对他进行教诲。每天早晨天刚刚亮，之推一起床，就要跟着两个哥哥去给父母请安，铺床叠被，把父母的卧室收拾得干干净净、整整齐齐。晚上睡觉前，之推同样要和两个哥哥一起侍奉父母睡下以后，才能回自己的房间休息。兄弟三人冬天要为双亲暖被，夏天要为父母扇凉。在这样一个家风严谨的家庭中，幼小的之推已经懂得了许多礼仪，特别是在父母以及两个哥哥的言传身教下，之推的一举一动都特别循规蹈矩。走路时恭敬谦和，和父母说话时，更是神态安详，语调平和，绝不过于张扬，那感觉就好像是在朝见威严的君主一样。而之推的父母，虽然在他们兄弟三人的行为举止上要求非常严格，但在日常生活中同样不失和蔼可亲。夫妻俩经常询问三个儿子的喜好志向，并勉励他们要扬长避短，引导孩子们的志向逐渐切合实际。在父母的严教与挚爱下，之推渐渐长大。

颜协是一个博学多才的人，自然不会放松儿子们的学业。之推从很小的时候就开始读书，他七岁时已能流利地背诵《鲁灵光殿赋》。之推还养成了一个非常好的学习习惯，就是不断温习，以使自己学习的知识得以巩固，而不至于像狗熊掰棒子似的，学了新的忘了旧的。孔子曾说："学而时习之，不亦说乎?"之推就是这样，一生中都在不断地学习。就拿他七岁时背诵的《鲁灵光殿赋》来说吧，直到他人到中年还在温习，这使得他终生不忘。他后来背诵的很多经书，一般一个月左右也要温习一次，这正是他博学的重要原因。

颜家严谨的家风直接影响到颜之推后来的治家与教子方法，同时也成为《颜氏家训》家教思想的直接来源。

如果生活就这样按部就班地继续下去，或许颜之推的人生会很顺利，当然，如果那样的话也就不会有那本流传后世的《颜氏家训》了。在之推九岁那年，他们家的天塌了。

颜协的去世带给颜家的唯一结果就是：家道中落。之推一家人骤然间陷入了困境，然而更大的不幸还在后面，之推兄弟还没有从失去父亲的悲痛中走出来，母亲也永远地离他们而去了。父母的相继去世，不仅使之推变成了孤儿，而且一个原本生机盎然的大家庭也变得毫无生气、冷落萧条。之推的命运在一夜间发生了逆转。

年幼的之推竟和他父亲的命运一样，小小年纪就失去了双亲。所幸的是，他还有两个哥哥。父亲去世时，大哥之仪已经十八岁了，于是他便肩负起了抚养之推的重担。

这里，有必要介绍一下颜之仪，因为他对之推成长的影响是非常大的。之仪也是在良好的家学氛围中成长起来的，从小就非常聪明，三岁时就能读《孝经》。长大后，之仪博览群书，非常喜好写词作赋。承圣元年（552）十一月，湘东王萧绎在江陵（今湖北荆州）即位，是为梁元帝。之仪亦在元帝朝任官，曾向梁元帝献《荆州颂》，其高超的文学水平得到了梁元帝的赏识。承圣三年，萧统三子萧詧勾结西魏军队，攻占江陵，梁元帝被俘，很快即被杀害。江陵陷落后，大部分梁朝士人被俘，颜之仪被迫迁徙到长安，开始了在西魏的仕宦生涯。北周建立后，颜之仪历仕明帝宇文毓、武帝宇文邕、宣帝宇文赟、静帝宇文阐四朝，曾做过麟趾学士、司书上士、小宫尹，封平阳县男，又升为上仪同大将军御中正大夫，晋为公爵，又在地方上任西疆郡守。他在北周的官阶逐渐升高，爵位逐渐显赫，为朝中重臣。宣帝崩后，刘昉、郑译等人假修遗诏，以后来的隋文帝杨坚为丞相，辅佐少主宇文阐。当他们要求颜之仪在遗诏上署名时，遭到了颜之仪的严词拒绝。刘昉等人了解颜之仪的为人，便不再勉强他，而是背着颜之仪代他署了名。其后，杨坚要求颜之仪交出皇帝符玺，颜之仪又正色说道："这是天子之物，自有主者，宰相您为什么要它呢?"一席话惹得杨坚大怒，差点要了颜之仪的命。隋朝建立后，文帝杨坚不计前嫌，又将颜之仪征召入朝，颜之仪在文帝朝晋爵为新野郡公，又任集州刺史。隋文帝曾这样赞扬颜之仪："见危授命，临大节而不可夺，古人所难，何以加卿。"颜之仪活到六十九岁，以正色立朝获得了美名。

之仪一生正气凛然，同时他还是一个心地仁慈的兄长，他怜惜弟弟幼小失亲，所以十分宠爱之推，生活虽然艰辛，但之推所得到的爱却一点儿也没有减少。然而，相比较父亲颜协来说，之仪却是一个缺乏威严的人，他对之推的爱远远多于严，他更多的是劝导，而不忍心加以责备。随着年龄的增长，之推接触的人也越来越多，难免会被一些庸俗的东西所熏染，这使得之推渐渐从一个循规蹈矩的孩子变得有些放纵。直到他十八九岁时，自己才醒悟，下决心要磨炼自己的品性，但很多习惯已经形成了，想一下子彻底纠正是很困难的。这一段经历正是他晚年写作《颜氏家训》的主要动机。

之推在兄长的养育下，过着困苦而又充满温馨的生活。虽然家境清贫，但读书仍然是他生活的主要部分。三《礼》《左传》都是他爱读的书。大同八年（542），时任江州刺史的湘东王萧绎在江州（今江西九江）讲学。或许是萧绎顾念当年与颜协的那段情谊，十二岁的之推也成了他的学生之一。

萧绎为学生们讲的是老庄哲学。老子、庄子的书讲的是如何保持本性、修养品性，不以外物来拖累自己。因此老子、庄子都无意于仕途，而宁可隐姓埋名，了此一生。到了魏晋时期又兴起了一种哲学思潮，被称为"玄学"。所谓"玄"就是高深莫测，玄学也就是探讨有深度的问题的学问。玄学的研究对象就是《老子》《庄子》和《易经》，称为"三玄"。玄学是继先秦诸子、两汉经学之后的又一哲学思潮，是由汉代的道家思想与黄老之学发展而来，脱胎于东汉末年的清议和汉末魏初的清谈。魏晋时期，朝政混乱、社会危机加深，由于一些士大夫对残酷的现实极为不满，但自知于乱世中无力回天，所以只能通过自己编制的一套理论来寻求心理上的安慰，代清议而起的清谈便由此出现。清谈是当时士人推崇的一种行为方式，以老庄、自然、名教作为讨论的主要内容。在士人清谈的过程中，玄学便应运而生。到了梁朝，这种玄谈的风气又流行起来，就连武帝和简文帝都亲自讲论。有一位叫周弘正的大臣向皇帝讲述以玄学治国的大道理，致使这种风气流行到了全国的大小城镇，各地门徒多达千人，可见当时玄学之兴盛。萧绎也十分爱好且熟悉此道，他不仅自己在极度疲倦、忧愁烦闷时靠玄学来自我排解，而且他招来很多学生，废寝忘食、夜以继日地为他们讲授老庄之道。

之推在听萧绎讲授的时候只有十二岁，但他却有着独立的判断能力和不随流俗的魄力，这一点很像他的父亲。之推听了几次课后，发现自己对此毫无兴趣，在他看来，老庄哲学都是虚谈。于是他离开了萧绎，回家继续读他所喜爱的礼传，并博览群书。几年后，长大成人的之推已经"读书破万卷"，自然是"下笔如有神"了。

第2章

九死一生

一、乱世偷生

梁武帝太清三年（549），十九岁的之推走出书屋，步入社会。估计还是托他父亲的福，之推找到的第一份工作就是在湘东王萧绎那里担任王国右常侍。当然，之推可不是酒囊饭袋，只靠着父亲的老关系混饭吃。萧绎之所以用他，主要还是因为他本身的才华，特别是他的文学天赋颇受萧绎的赏识。在萧绎任镇西将军、荆州刺史后，之推又因军功加授镇西墨曹参军。此时的之推年轻气盛，不修边幅，行为放纵，说话随意，而且喜好饮酒，很有点儿放荡不羁的文人形象。就在之推志得意满、雄心勃勃之时，社会却发生着巨大的变化。

梁武帝萧衍晚年，由于一心佞佛，固执昏庸，导致国家财政匮乏，社会危机逐渐加深。太清二年八月，降将侯景发动叛乱，史称"侯景之乱"。引狼入室的武帝被软禁了起来，在忧愤与饥饿中含恨而死。随后，侯景立太子萧纲为帝，是为简文帝。简文帝只不过是一个傀儡而已，真正把持朝政的自然是侯景。之推就是在梁朝最动乱的这个时候步入社会的。

侯景之乱把梁朝推向了灭亡的边缘，社会动荡不安，人心惶惶。简文帝大宝元年（550）九月，湘东王萧绎任命世子萧方诸为中抚军将军、郢州刺史，颜之推为中抚军外兵参军，掌管记。于是，二十岁的之推与文珪、刘文英等人跟随着十五岁的萧方诸去了郢州（治江夏，今湖北武汉市武昌）。

在郢州的日子里，之推一直处于很郁闷的状态，心情始终不好。原因很简单，萧方诸当时只有十五岁，显得十分幼稚，让他来掌管一个州，确实有些勉为其难。同时，当时的长史、郢州行事鲍泉又是一个庸庸碌碌之辈。之推空有一腔报国之心，却无用武之地。他眼见侯景攻陷建康后，恣意肆虐，杀戮百姓，抢掠财物，使江南富庶之区转眼间呈现出"白骨露于野，千里无鸡鸣"的惨状。面对江南人民的苦难，之推心痛如绞，却又无计可施。而此时的萧绎，对于侯景的所作所为却无动于衷，他正忙着调兵遣将呢，当然不是去打侯景，而是为了私怨去打他的两个侄子。面对这种情形，之推除了愤慨，还是愤慨，谁让自己是手无缚鸡之力的一介书生呢！然而之推没有料到，无论他是否心甘情愿地跟随萧方诸，无论他有无作为，有一件事却是确定无疑的，那就是他是萧氏集团的人，准确地说他早已上了侯景的黑名单。

大宝二年（551）闰四月，战火烧到了郢州。侯景派遣宋子仙、任约等率兵轻而易举攻陷了郢州，萧方诸、之推等人均被俘。侯景既然怀揣篡逆之心，必然不会放过萧氏集团中的任何一个人。本来之推是必死无疑的，但就在这关键时刻，他的救星出现了。

这位救星名叫王则，字元轨，自称是太原人，当时在侯景手下任行台郎中，在多次战役中屡获战功。说起来，王则与之推以前并不相识，但奇怪的是，侯景一次次要杀之推的时候，王则就一次次地恳切相求，最终保住了之推的命。王则甘冒生命危险救下了素不相识的之推，或许只有一个理由可以解释，那就是惜才爱才。之推死罪已免，活罪难逃，不久便被押解回了京都建康。

颜氏自南渡后，一直居住在建康，尽管之推是在江陵出生的，但这里毕竟是他的第二故乡。二十年来，之推从没有机会回故乡看看，没想到这次被俘，倒圆了他的回乡梦，这也算是因祸得福吧。在建康，之推流连于祖屋，祭拜了先祖的坟茔。

与此同时，侯景并没有停止他篡位的脚步，他先是废掉了简文帝萧纲，改立豫章王萧栋为帝。接着，侯景又杀死了萧纲，废掉了萧栋，自己当上了皇帝，国号汉。就在他沉浸在登基大典的鼓乐声中时，各路讨伐大军已纷纷向建康进发。侯景做梦也没有想到，他这个皇位只坐了一百二十天，就被推翻了。

就在侯景欢呼胜利的时候，萧绎也在江陵起兵了。承圣元年（552），梁将王僧辩、陈霸先率军攻下建康。侯景战败出逃，途中被部下杀死，侯景之乱至此结束。

侯景被杀后，梁朝的宗室诸王又开始割据一方，争权夺势。萧绎平定了侯景之乱，自己理所当然地在江陵称帝，是为梁元帝。

萧绎做了皇帝，之推也从建康回到了江陵，并被任命为散骑侍郎，奏舍人事，还奉命参与了《秘阁旧事》一书"史部"的校对工作。与此同时，之推的大哥之仪也在梁元帝朝做了官。兄弟俩同朝为官，应该是一件很惬意的事。不过这种平静的日子实在是太短暂了。

承圣二年（553），元帝联合西魏灭掉了在蜀称帝的武帝八子萧纪，西魏也乘机攻占了益州。可惜，元帝的帝位并没有因此而稳固，承圣三年，萧统三子萧詧勾结西魏军队，进攻江陵。被围困在城内的元帝见大势已去，哀叹道："我读书万卷，竟还落得个亡国的结局，这些书留着又有什么用呢？"他一怒之下，命人把自己收藏的古今图书十四万卷全部焚毁，之推所校的书也在这场大火中瞬间化为了灰烬。从秦始皇焚书坑儒到项羽火焚咸阳，中国古代的文化典籍曾一次又一次遭到灭顶之灾。侯景之乱几乎将萧梁一朝的书籍焚烧殆尽，多亏好文的梁元帝在动乱中，将仅存的十余万卷图书保存了下来，可以说是不幸中的大幸。然而，梁元帝却在失败后，将所有藏书付之一炬，使中国文化又一次遭到了重创。面对图书的灰烬，之推悲愤地仰天长叹："溥天之下，斯文尽丧！"城破后，元帝被捕，很快即被杀害。而更苦的还是江陵的百姓，数万民众全都成了西魏的囚徒，之推、之仪这些梁朝的官员更是难逃厄运。之仪随大队人马被押往长安，而之推却未能同行。在当时西魏进攻江陵的队伍中，有一个叫李穆的人，时任太仆卿，为西魏重臣。他很器重之推，他的兄长李远在弘农（今陕西灵宝）做官，于是他便把之推推荐给了李远做秘书工作。

从江陵北上弘农，之推一路上风餐露宿，受尽折磨，当时他正患脚气，走路十分困难，而那些押送他的人却成心把很差劲的马给他，但之推硬是忍受住了肉体的痛苦和心灵的煎熬，他心里只有一个信念：我要活下去！

二、触险奔齐

身在西魏的之推虽然保全了性命，但他心中始终念念不忘回到故国，经过深思熟虑，二十六岁的之推最终选择了从北齐绕道回国。他为什么会选择绕道北齐呢？事情还要从梁元帝萧绎死后说起。

元帝被杀后，陈霸先与王僧辩等人，决定拥立元帝之子，十三岁的萧方智为帝。当然，陈霸先有他的目的，立一个孩子为帝，他就可以很容易地控制萧梁政权。而此时，北齐已占领了江北的大部分地区，他们准备乘江陵陷落之机，进军江南。因此，北齐急需扶植一个傀儡皇帝，来操纵萧梁政权。经过左挑右选，北齐选中了俘获的梁武帝的侄子萧渊明。此后，北齐便开始行动，他们派人联络王僧辩，约定如果拥立萧渊明为帝，北齐便不再进攻江南。王僧辩经过一番利弊得失的衡量后，决定答应北齐的条件，立萧渊明为帝。在这种局势下，北齐俘获的梁朝官员们纷纷返回梁朝。

之推听到这一消息，心中燃起了希望之火，他想投奔齐国，而后再由齐国返梁。这一天，之推携妻带子做好了奔齐的准备。当他们来到岸边时，却发现河水暴涨，水势十分凶险。但此时的之推已然是义无反顾了，他毅然带着家人上了小船。汹涌的波涛中，一叶孤舟在风浪中搏击，之推凭着坚定的信念，一夜就走完了七百里水路。

经过千难万险，之推终于来到了北齐。但令他始料不及的是，他已无国可返了。梁太平二年（557），陈霸先晋封陈王，形同虚设的梁敬帝被迫让位于陈霸先，梁朝灭亡。陈朝登上了历史舞台。之推的归国梦彻底破碎了，心灰意冷的他从此留在了北齐。

此时的北齐政权初建。颜之推受到了文宣帝高洋的欢迎。高洋十分赏识之推的才学，便把他留在了自己的身边。由此，颜之推在北齐开始了长期的仕宦生涯。

三、入仕北齐

北齐建立后，文宣帝高洋沿用了自十六国以来的"胡汉结合"的治国方略，立汉族世家大族赵郡李氏女为皇后，重用汉族士大夫，积极推行汉化政策，使北齐达到全盛。甚至在高洋临终前，还命杨愔等人辅佐其子高殷继位，足见他对汉人的重视。

北齐天保七年（556），颜之推来到北齐，恰逢其时。他之所以会受到高洋的优待，主要就是由于北齐推行的这种胡汉结合的治国方略所致。高洋十分赏识颜之推的才学，立刻任命颜之推为奉朝请，并让他在内馆中侍奉在自己的左右。奉朝请一职在南北朝是专门为安置闲散官员而设，并无实权。年轻气盛的之推感到自己英雄无用武之地，但为了实现南归的目标，便暂且在北齐安置了下来。转年，南朝陈霸先废梁敬帝自立，建立陈朝。面对着归国无望的现实，之推不得已留在了北齐。但他埋藏在心底的那个愿望始终不曾泯灭，他暗地下定决心，即使自己无法归国，也要为汉人做一些事情，为恢复汉文化奉献自己的微薄之力。

就在之推郁郁寡欢之际，高洋却对他恩宠日隆。天保九年，高洋开始了大规模的巡游。巡游的路线是从晋阳（今山西太原西）至天池（今山西静乐县境），然后再返回晋阳。在这次巡游中，之推一直跟随在高洋身边。或许是之推的才华和办事能力打动了高洋，在旅途中，高洋竟然下令任命之推为中书舍人。中书舍人是当时中央行政机构中书省中的一个官职，主要负责皇帝诏令的起草工作。中书舍人在北齐的品阶是正六品上，属于中级官员。高洋能够让一个没有任何出身和政治履历的人出任中书舍人，真是之推的福气。然而，之推似乎对这种"福气"不以为然，他在听说了这个消息后，故意在大营外饮酒失态，正准备前来宣布任职诏书的中书侍郎段荣见状，急忙回复高洋。高洋听后，似乎明白了之推的用意，便对段荣说："既然如此，这件事就先放放吧!"之推由此失去了第一次在北齐任职的机会。

面对皇帝赏赐给他的官职，之推之所以拒绝，是因为他立志通过自己的努力，以真才实学立足于朝堂。但他没有想到的是，他所要服务的北齐朝廷是一个有始无终的政权，皇帝荒淫残暴，政权混乱不堪。

高洋在北齐建立之初，曾经励精图治，做了一些有利于国家的好事。但随着政权的稳固，他开始无所顾忌，逐渐成为一个暴君。荒淫残暴的高洋仅仅活了三十一岁，便于天保十年去世了。深受高洋垂青的颜之推一下子失去了政治靠山。更令之推始料不及的是，北齐皇室随后发生了一系列变故。刚刚步入而立之年的颜之推目睹了北齐皇帝的频繁更迭，见证了北齐皇帝的荒淫残暴，这对于打算在北齐有所作为的之推来讲，无疑是一次巨大的冲击。这些突如其来的变故，令之推愁眉不展。

河清四年（565），高湛将皇位传给了太子高纬，是为后主，高湛自己做了太上皇，但继续职掌朝政。就在这一年，颜之推仅做了赵州功曹参军，是一个地位较低的地方僚佐。

颜之推从二十九岁至三十五岁，亲历了北齐文宣帝去世，废帝、孝昭帝、武成帝、后主走马灯式的执政，在此局势动荡期间，颜之推在北齐基本无所作为，壮志难酬。唯一让之推感到安慰的是，他的夫人殷氏在这段时光里，为他生下了两个活泼可爱的儿子。颜之推将长子取名为思鲁，意在不忘故乡；将次子取名愍楚，则有怀念梁元帝之意。虽然颜之推在仕途上遭遇了挫折，但是一家人能够在这乱世中安稳地度日，也算是不幸中的大幸了。与此同时，颜之推也得以在这几年难得的悠闲时光里，结合自己的人生经历，开始撰写一些处世心得，用以训诫子孙，《颜氏家训》的撰写便于此时开始了。

第3章

壮志得酬

一、征召入朝

就在颜之推一筹莫展之时，天统二年（566），三十六岁的他终于有了转机。就在这一年，之推被后主从地方调到了中央，专门负责撰写新诗。那么，这位后主是不是一位贤明的君主呢？

高湛当上太上皇时，后主高纬刚刚十岁。高湛十分喜爱这个儿子，从小就非常溺爱他，实指望高纬做一个贤明有德的皇帝，但这个高纬不愧是高氏的子孙，他的残暴荒淫，和他的列祖列宗相比都毫不逊色，他的残忍到了令人发指的程度，正是他，将祖先辛苦打下的江山毁于一旦。高纬不仅残暴，而且任用奸佞小人，败坏朝纲。在后主高纬执政期间，北齐朝政昏暗，危机四伏。百姓的赋税徭役负担沉重，民不聊生。国家的府库空虚，国力耗竭。

然而，高纬虽然有诸多劣行，但他却还有一个嗜好，那就是文学艺术。高纬从小就非常喜欢诗赋，擅长吟咏赏析，遇到问题后，会和别人讨论。长大后，他更加沉迷其中。他还非常喜欢音乐，经常练习弹奏胡琵琶，吟唱无愁曲，每次都有数百个附和的人，老百姓由此称他为"无愁天子"。颜之推的进京，就和高纬的这一嗜好有关。一次，高纬想命人制作一批屏风，摆放在宫中，用于自己欣赏把玩。按照他的意愿，屏风上要既有画，还要配诗，才称得上完美的作品。于是，他选中了擅写丹青的萧放和王孝式为屏风作画，并亲自挑选了一些古代的名人诗赋及一些近代的香艳诗，命萧、王二人书写其上。高纬非常爱惜人才，对于萧、王二人的才干，他非常满意。不过，当整批屏风作品完成后，高纬还认为缺少点什么。经过考虑，他决定命人新撰诗歌，以充实丰富作品。这次，具有卓越文学才能的萧悫及颜之推便首当其选。

当时，萧、颜二人都在地方任职，萧悫任齐州录事参军，颜之推任赵州功曹参军，都是地方上的僚佐之职。萧悫是南朝梁上黄侯萧晔之子，在北齐天保中流落到北齐，做了一个地方官。萧悫擅长写诗，曾在秋夜赋诗一首，其中有两句"芙蓉露下落，杨柳月中疏"，颇受颜之推的推崇。这次，颜之推和萧悫能够被后主高纬选中入朝撰写新诗，可以说是他们政治生涯的一次重要转折。从此，颜之推开始真正凭借其真才实学在北齐朝堂上立足，开创自己的一番事业。

在那之后的六年中，之推由青年步入中年，他的才能得到发挥，干劲十足，精力更加旺盛。一方面勤奋工作，虚心求教，同时还积极参与朝政，经常向当权者提出一些可供参考的建议，并由此为自己将来的仕途打下了坚实的基础。

武平三年（572）应该是之推的好运年，因为就在这一年，之推得到了两个惊喜。首先是向当时的宰相祖珽提出了一个建议，没想到这个建议立即被祖珽所采纳，这是第一个惊喜。而更令之推喜出望外的是，正是由于这个建议，他在仕宦道路上从此平步青云，逐渐跻身北齐政治中枢。

颜之推的这个建议是设立文林馆。所谓文林馆，就是向全国征召汉族文学之士，将这些人才汇集到中央，组成一个汉人文学集团，专门负责给皇家撰写图书、整理文献资料等工作，文林便是取文士之林之意。

之推这个主意的灵感主要来自于后主高纬。当时，北齐鲜卑人与汉人之间的矛盾十分尖锐，历代皇帝虽然都在不同程度上采取了胡汉结合的统治方略，甚至重用汉人从政，但汉人所受的打击和排挤依然相当严重。之推自己就曾经亲身体会到这种异族统治的强烈排他性。就在之推一筹莫展之时，高纬的登基使局面出现了转机。之推认为既然高纬如此喜好文学，何不趁此良机，向高纬提议，将全国的硕学文士全部召至中央，组成一个文士团体，或吟诗作赋，或著书立说，以满足皇帝的这一独特的个人嗜好呢？同时，这些文士自然非汉族士大夫莫属，能将鲜卑贵族排斥在外。如果能将大批汉人聚集到中央，便可以增强汉人在北齐政权中的力量，逐渐占领朝政话语权，以便在同鲜卑人的对立中赢得更大的优势。由此，设立文林馆的想法在之推的脑海中逐渐形成。

但是，之推当时仅仅是一个职位很低的官员，如果仅凭自己的力量，是根本无法实现这一愿望的。就在之推感到孤立无援时，两个重要人物走进了他的视野。

第一个重要人物是萧放。萧放是兰陵大族萧氏后裔，是个大孝子，曾在其父过世后，尽心服丧，十分感人。萧放还擅长文学和绘画，后主高纬就曾命其绘画屏风。颜之推也是由于要为屏风撰写配诗而被调到中央的。正是在这样的巧合中，颜、萧二人得以相识。二人在工作之余，经常互相敞开心扉，倾诉衷肠。在之推将自己设立文林馆的建议告诉萧放后，立即得到了萧放的赞同，从而更加增强了信心。于是，二人一拍即合，准备寻找时机，向当权者提出建议。

第二个重要人物便是祖珽。祖珽是范阳人，出身官宦世家。从小就非常聪明，以文学才能闻名于世。入仕北齐以后，他曾为冀州刺史万俟洛撰写《清德颂》，由于文辞典雅华丽，被高欢所知。祖珽历仕高欢、高澄、高洋各朝，颇有建树。高洋死后，由于当时尖锐的胡汉矛盾，致使祖珽的仕途进入低谷。此后，由于祖珽与高湛有旧，在高湛登基后，祖珽颇受重用。面对和士开等人的倒行逆施，祖珽在皇帝面前大骂权臣，险遭杀身之祸，导致双目失明。由于在皇位继承问题上，祖珽曾力保高纬，所以在高纬登基后，祖珽终于在武平三年当上了宰相，汉族士人在北齐政权中再次执掌朝纲。此时正是之推苦苦寻找进谏之门之时，祖珽在这个时候以当权者的身份出现，对之推来说无疑是久旱逢甘霖。一方面，祖珽很早便知道之推是一个聪明睿智、知识渊博的人，二人一殿为臣后，之推在议论朝政和处理公务方面进一步发挥出了卓越才能。为此，祖珽十分看重之推的才干，因此比较容易接受他的一些建议。另一方面，祖珽任宰相，是作为汉族士人的代表跻身北齐行政中枢之首。他的一言一行，始终代表着汉人的利益。而之推这一建议的目的也与祖珽的政治理想相一致。在这种情况下，祖珽对之推的建议欣然采纳。

祖珽采纳了之推关于设立文林馆的建议后，下一步便是说服高纬，以便付诸实施。高纬虽然喜好文学，但他毕竟是个暴君，对臣下的建议一般置若罔闻。同时，如果设立了文林馆，一下子在皇帝周围来了这么多的汉人，势必引起鲜卑贵族的高度警觉。身为宰相的祖珽，对此也不能无所顾忌。但是，事情总要进行下去，为此他想出了一个办法。当时，高纬的身边有一班佞臣，宦官邓长颙便是其中之一。武平年间，邓长颙倚仗后主这座大靠山，权倾朝野，甚至当上了"参宰相"，干预朝政。祖珽便看上了这位皇帝身边的红人，他通过各种方式讨好邓长颙，最终取得了邓长颙对自己的信任。一天，设立文林馆的建议经由邓长颙的嘴传到了高纬的耳朵里。高纬起初并不以为然，但经过邓长颙的三寸不烂之舌，设立文林馆一事终于成为现实。

随后，之推将在文林馆中开始实现他的远大目标。

二、待诏文林

武平三年（572），颜之推四十二岁。就在这一年，宰相祖珽采纳了颜之推的建议，向后主高纬提出了设立文林馆的构想。在宦官邓长颙的协助下，高纬终于批准了这个建议，北齐由此正式设立了文林馆。根据之推的设想，文林馆由天下文士组成，这些文士主要是通过征召的方式入馆。文士入馆被称为待诏文林馆，这些入馆的文士并没有实际官职，但有具体职务，主要工作是负责皇家典籍的整理、皇家图书的修撰以及其他与文学相关的事务。

征召天下文士待诏文林馆的旨意一下，立即在汉族士大夫之间掀起一股争进文林的热潮。由于之推在设立文林馆一事上有首倡之功，高纬便任命之推为司徒录事参军，命其与李德林共同主持文林馆的相关事务。之推在文林馆中，经常与祖珽、卢询祖、魏收、卢思道等人讨论文学问题，品评人物，成为一时之美谈。

为了能够在后主面前证明文林馆设立的意义，祖珽认为应该立即让这些人小试牛刀。于是，祖珽便将编纂皇家图书《修文殿御览》的任务交给了文林馆。

《修文殿御览》是一部专供皇帝阅读的类书。所谓类书，就是一部将事物分门别类进行叙述的书，条理清晰，内容丰富，相当于今天的百科全书。南北朝后期，曾经出现了一股编纂类书的流行风。南朝梁安成王萧秀命刘峻编纂《类苑》，梁武帝也曾命张率、刘杳编纂《寿光书苑》，命徐僧权等人编纂《华林遍略》。北齐修撰《御览》便是受到了这种风潮的影响。早在武成帝高湛在位期间，就曾经命宋士素将古代帝王的言行编纂成册，取名为《御览》。

文林馆设立后，宰相阳休之认为应该编纂一部类似武成帝《御览》体例的类书，以便使文林馆立即进入角色，同时还可以扩大文林馆的影响。为此，阳休之把这个想法告诉了同为宰相的祖珽。祖珽听后，觉得非常有道理，于是他立即上奏后主，请求批准再次修撰一部类书。关于这部书的定名还费了一番周折。起初，阳休之等人建议应以南朝的《华林遍略》及其他类书为模板进行编纂，取名为《玄洲苑御览》，后又改名为《圣寿堂御览》，最后祖珽力排众议，决定将书名定为《修文殿御览》。祖珽关于修撰《修文殿御览》的奏疏立即得到喜好文学的后主批准。后主随即任命祖珽以及特进魏收、太子太师徐之才、中书令崔劼、散骑常侍张雕、中书监阳休之等人为监撰。所谓监撰，就是监督撰写之职，实际上仅仅是一个虚职。而编纂的具体工作则需要另选人才负责，这时，作为文林馆主要负责人的颜之推自然而然成了《修文殿御览》的实际负责者。

在之推的推荐下，天下文学之士纷纷汇集到文林馆，开始积极投入《修文殿御览》的编纂工作中。当时，通直散骑侍郎韦道逊、陆乂、太子舍人王劭、卫尉丞李孝基、殿中侍御史魏澹、中散大夫刘仲威、袁奭、国子博士朱才、奉车都尉眭道闲、考功郎中崔子枢、左外兵郎薛道衡、并省主客郎中卢思道、司空东阁祭酒崔德、太学博士诸葛汉、奉朝请郑公超、殿中侍御史郑子信等人均被命进入文林馆撰书，萧放与萧悫也加入了编纂的队伍。随后，又命散骑常侍封孝琰、前乐陵太守郑元礼、卫尉少卿杜台卿、通直散骑常侍王训、前南兖州长史羊肃、通直散骑常侍马元熙、并省三公郎中刘珉、开府行参军李师上、温君悠入文林馆，也同时参与编纂工作。此外，特进崔季舒、前仁州刺史刘逖、散骑常侍李孝贞、中书侍郎李德林也陆续进入文林馆待诏。同时，又命这些已入文林馆的官员推荐人才，经过筛选，又有前济州长史李寿、前广武太守魏骞、前西兖州司马萧溉、前幽州长史陆仁惠、郑州司马江旰、前通直散骑侍郎辛德源、陆开明、通直郎封孝謇、太尉掾张德冲、并省右民郎高行恭、司徒户曹参军古道子、前司空功曹参军刘颙、获嘉令崔德儒、给事中李元楷、晋州治中阳师孝、太尉中兵参军刘儒行、司空祭酒阳辟疆、司空士曹参军卢公顺、司徒中兵参军周子深、开府参军王友伯、崔君洽、魏师謇等人也相继入文林馆待诏，右仆射段孝言不久之后也加入其中。在这些被推荐的人中，有一些人本身并没有什么真才实学，他们仅仅是为了获得较高的社会地位，而通过人情的关系进入文林馆的。这些人占到了当时文林馆人数的三四成之多，这种滥竽充数的情况在当时比较普遍。但是尽管如此，当时天下的文学之士也几乎被搜罗殆尽，文林馆一时间人才济济，堪称盛事。

《修文殿御览》从武平三年二月开始编纂，仅仅用了六个月的时间便完成了三百六十卷的编纂任务，这不得不说是中国图书编纂史上的奇迹。该书分为五十部，三百六十卷。五十部是模仿天地之数，三百六十卷则是源于乾坤之策。书成后，祖珽将书呈上后主，高纬阅后，十分满意，于是命人将此书收藏于专门收藏历史文献的史阁中。《修文殿御览》在北齐编纂完成后，经北周、隋、唐、五代、北宋等朝，一直流传于世。北宋太宗太平兴国年间编纂的大型类书《太平御览》就是以《修文殿御览》等书作为蓝本的。不幸的是，南宋以后，该书亡佚。清朝末年，在敦煌石室中发现的文书残卷中，出现了类似《修文殿御览》的二百五十九行文字，这也许是保存至今的关于《修文殿御览》内容的唯一资料，具有重要的史料价值。

之推在负责编纂《修文殿御览》的过程中逐渐体现出自己的人生价值，随后，他的人生开始进入最为华美的一章。

三、平步青云

在颜之推四十二岁这一年，北齐后主高纬慧眼识才，逐渐开始重用他。之推由此不再忧虑自己的才能得不到发挥，他在北齐的仕途从此平步青云。

他首先任司徒录事参军，与李德林共同主持文林馆事务，并负责编纂《修文殿御览》。在主持文林馆的过程中，逐渐显示出他那卓绝的才华。高纬如果想看文林馆中的文章，一般都是命宦官到馆中传旨，之推则根据旨意向馆中宣告，馆中所有人都服从之推的领导。文林馆进献给皇帝的文章，都要经过之推密封署名，在进贤门上奏，等待旨意下达后，方可出馆。之推的头脑非常聪明，悟性极高，还善于随机应变。他的知识非常广博，文字水平和书法水平更是高人一筹。他能言善辩，口才也非常好，经常能够对答如流，由此得到了当权者的赏识。宰相祖珽本来就非常欣赏他，曾接受他的建议，奏立文林馆。此后，之推主持文林馆事务，并负责主编《修文殿御览》也是祖珽的推荐。不久，祖珽又上奏后主，命之推负责公文的判署工作。随即之推又升任通直散骑常侍，再任中书舍人，升任给事黄门侍郎。通直散骑常侍是集书省的官员，品阶为正四品下。集书省的主要工作是负责规谏、评议以及驳正违失等事务，同时还负责皇帝诏令的传达，是皇帝的顾问机构，其地位在专门执掌诏令的中书省之上。中书舍人是中书省官员，品阶为正六品上，主要负责皇帝诏令的起草。给事黄门侍郎是门下省官员，品阶为正四品上。门下省专门负责皇帝诏令的传达。颜之推由通直散骑常侍转任为中书舍人，在官阶上明显是降低了。但在北齐，中书舍人由于专掌诏令起草，与皇帝的关系非常密切，往往能够参与机密，权力日重。所以虽然从表面上看，颜之推的官职不升反降，但实际上，他的权力反而是增大了。也就是说，官大并非权大，官小也不见得无权，这是中国古代职官制度的一个特有现象。颜之推历任北齐集书省、中书省、门下省官员，都是与皇帝的关系非常密切的职务，由此获得了与皇帝亲密接触的机会。加上之推做事认真，工作称职，使他进一步得到了后主高纬的赏识和重用。武平三年（572），四十二岁的颜之推在北齐的仕途达到了顶点。

北齐是鲜卑化的胡汉政权，而作为汉族士大夫杰出代表的颜之推却如此尽心竭力地为其统治者服务，对于他的这种行为，《颜氏家训》专家王利器先生曾经进行了激烈的批判：

> 当改朝换代之际，随例变迁，朝秦暮楚，"自取身荣，不存国计"者，滔滔皆是；而之推殆有甚于焉。他是把自己家庭的利益——"立身扬名"，放在

国家、民族利益之上的。他从忧患中得着一条安身立命的经验："父兄不可常依，乡国不可常保，一旦流离，无人庇荫，当自求诸身耳。"他一方面颂扬"不屈二姓，夷、齐之节"；一方面又强调"何事非君，伊、箕之义也。自春秋已来，家有奔亡，国有吞灭，君臣固无常分矣"。一方面宣称"生不可惜"，"见危授命"；一方面又指出"人身难得"，"有此生然后养之，勿徒养其无生也"。因之，他虽"播越他乡"，还是"腼冒人间，不敢坠失"。"一手之中，向背如此"，终于像他自己所说的那样，"三为亡国之人"。然而，他还在向他的子弟强聒："泯躯而济国，君子不咎。"甚至还大颂特颂梁鄱阳王世子谢夫人之骂贼而死，北齐宦者田敬宣之"学以成忠"，而痛心"侯景之难，……贤智操行，若此之难"；大骂特骂"齐之将相，比敬宣之奴不若也"。当其兴酣落笔之时，面对自己之"予一生而三化"，"往来宾主如邮传"者，吾不知其将自居何等？

可见，王先生主要是从汉族士大夫民族气节的角度出发，对颜之推的这种朝秦暮楚行为发起攻击。但是，这种观点的主观性较强，未免有失公允。颜之推的这种行为之所以会令人质疑，关键是这种行为与汉族长期形成的华夷之辨思想发生了矛盾。

华夷之辨形成于春秋战国时期，在这种思想的指导下，绝大多数汉人士大夫以"华夏""中华"的正统地位自居，而对于"蛮夷戎狄"采取歧视的态度，认为"非我族类，其心必异"。特别是东汉以来，我国西部、北部的各少数民族相继内迁并与汉人杂居共处的事实，进一步加深了汉人士大夫对少数民族的反感，排斥、防范、迁徙少数民族的建议历朝有之。曹魏邓艾、西晋郭钦纷纷上言徙戎，江统更作《徙戎论》，使"华夷之辨"在这一时期达到高潮。但是接踵而来的内忧外患，却是汉族士大夫所始料不及的。由此，"华夷之辨"思想及华夏正统地位遭到了严重的冲击。

颜之推是典型的汉族世家大族，那么他为什么能够接受少数民族政权的统治并为之尽心服务呢？这就要从汉族士大夫，特别是世家大族本身的特性出发来解释这个问题。在魏晋南北朝的地主中，存在着两个富有时代特色的阶层——世家大族和庶族。世家大族具有深厚的经济、政治、文化内涵，正因为这些与众不同的因素，使世家大族与庶族有着天壤之别。区别士庶实为世家大族的头等大事，吕思勉先生曾经指出："以当时士人，区别士庶之见颇深，而民族之义，则尚未昌明也。"所以，此时颜之推的世家大族地位观念处于主导地位，而民族观念只能处于从属地位。虽然面对异族的入侵，颜之推的内心深处一直隐隐作痛，他的《观我生赋》便集中体现了这种心情。但是在当时特殊形势下，只要能够保持世家大族地位不动摇，无论是华夷之辨、华夏正统，还是民族气节，在这个特殊时期都是次要的。此外，对于世家大族来说，都有其固定的郡望，它是世家大族繁衍生息之所，是其经济实力之依托，并且是借以标榜其门第的重要工具，就是南渡的侨姓家族如琅玡王氏、陈郡谢氏也仍称自己的旧望。可见，世家大族与自己的故土是紧密相连的，正如陈寅恪先生所说："故其家非万不得已，决无舍弃其祖茔旧宅并与茔宅有关之田产，而他徙之理。"正因为如此，颜之推始终将"不离本土"作为自己的宗旨，只要能够留在北方，保持颜氏香火不绝，就算是投降受辱也在所不惜。可见，在特殊时期，人的固有思想观念往往会根据社会形势的变化而发生转变。

从十六国到北朝，以颜之推为代表的北方汉族士大夫，在家族地位至上思想的指导下，其华夷观发生了重要转变，跨越了汉族与少数民族的界限，摈弃了保守思想，接受了新鲜事物，使家族成员的政治观念、思想意识及行为方式均呈现出前所未有的变化。他们对于少数民族从不适应到适应，从反感到支持，从"恒以为辱"到"以死报国"，逐渐抛弃汉族正统思想，采取积极主动的态度与新环境相适应，为其家族的延续和民族的融合做出了巨大的贡献。同时，汉族士大夫的这种观念转变，也为汉文化的延续创造了条件。当时，大批汉族士大夫积极入仕少数民族政权，为少数民族统治者提供文化动力和智力支持，从而使汉文化得以延续下去。颜之推之所以转变思想入仕北齐，也是在为汉文化的复兴而尽自己的绵薄之力。

因此，对于颜之推在北齐的积极入仕，一方面要从当时的客观情况出发分析问题，不可过于苛求古人，同时也不能否定其在保护汉文化方面所具有的积极意义。

四、险遭大祸

就在颜之推在北齐的仕途一路平坦之时，一件祸事正悄悄降临他的头上。

这件事的起因是北齐尖锐的胡汉矛盾。北齐政权是鲜卑化的胡汉政权，统治阶层主要来自于北魏末年六镇中的怀朔镇的中下级将领。当年高欢从起家到建立东魏，主要依靠的就是鲜卑军将和贵族。这些鲜卑勋贵在夺取政权后，逐渐腐化堕落，聚敛无尽，淫虐不止。对于鲜卑勋贵的这些行为，高欢只是看在眼里，并没有出手干涉，因为他们同属于一个统治集团，在利益上是休戚相关的。但是，东魏北齐政权毕竟是建立在汉人聚居的中原区域，如果一个少数民族政权想在此建立稳固的统治的话，与汉人的合作是必须考虑的重要问题。"胡汉结合"是从十六国时期开始，各少数民族统治者都必须采取的统治方略。高欢政权也无例外地采取了这种治国手段，统治集团中既有鲜卑勋贵，同时也重用了一批汉族士人。但是，由于两个民族之间长期形成的隔阂与排斥，这种胡汉结合的方式从一开始就充满了矛盾和斗争。胡汉矛盾在少数民族政权中无处不在，只不过有时稍有缓和，有时颇为激化而已。

随着高欢在中原的统治逐渐稳固，他开始大量重用汉族士人，以缓解日趋尖锐的胡汉矛盾，一时间汉人在东魏政权中逐渐占了上风。高洋建立北齐后，采取了胡汉双重任用体系，使北齐政权焕然一新。高洋死后，北齐的胡汉矛盾再次激化。在高演、高湛两朝，北齐鲜卑勋贵的势力大大压倒了汉人，汉族士人从此一蹶不振。

后主高纬即位后，鲜卑人和士开权倾朝野，气焰旺盛。和士开死后，面对激化的胡汉关系，高纬又开始调和胡汉矛盾。加上高纬本身也喜好文学，对汉文化情有独钟，因此他起用了在汉人中威望颇重的祖珽任宰相，试图缓和当时十分激烈的胡汉矛盾。祖珽任宰相后，极力推行汉化政策，大力举荐汉族士人任职，排斥鲜卑勋贵在北齐的势力。祖珽还在颜之推的建议下，提议设立文林馆，得到了高纬的批准，汉人的势力在此时达到了顶峰。颜之推仕途上的华彩篇章就是出现在这个时期，然而幸福的背后却隐藏着危机，一场祸事正悄悄向他逼近。

当时后主身边有三个宠臣：穆提婆、高阿那肱、韩凤，这些鲜卑勋贵大权独揽，把持朝政，号称"三贵"。他们非常憎恨汉族士人，经常大骂："汉狗，大不可耐，唯须杀却！"祖珽的汉化政策引起了他们的强烈不满，很快这些人便对祖珽集团发起了攻击。武平四年（573），后主高纬在穆提婆等人的怂恿下，罢去了祖珽的宰相一职，将他外放为北徐州刺史，穆提婆继任宰相，鲜卑勋贵再次掌握了北齐大权。随后，穆提婆等人又将魔爪伸向了祖珽集团中的其他汉人。这年十月，后主高纬准备前往晋阳，侍中崔季舒、张雕虎，散骑常侍刘逖、封孝琰，黄门侍郎裴泽、郭遵六人认为此举会动摇人心，便与一些汉官联名上书劝谏。在这些汉族士人中，崔季舒、张雕虎、刘逖与封孝琰都是文林馆中的文士，是韩凤等人的眼中钉、肉中刺。崔季舒等人的这次联名进谏，正好给了韩凤等人一个除掉他们的口实。韩凤对后主奏道："这些汉儿文官，名义上联名进谏，不准陛下前往晋阳，实际上未必不是谋反，应该将这些人立即处死！"后主高纬对自己宠臣的话非常信服，于是他立即下令，将崔季舒等六人斩首于殿廷，一时间朝野哗然。此后，北齐朝廷完全变成了鲜卑勋贵的天下，汉族士人再也抬不起头来。

当时，颜之推作为文林馆的负责人，汉族士大夫的领袖，毅然加入了进谏的队伍。但就在即将联名签署的时候，之推由于家中忽然有急事，只得匆匆回家处理，从而错过了签名的机会。而就是这一个错过，将之推从死神手里救了回来。崔季舒等人被杀后，高纬命人检查联名签字之人。经过检查，其中并没有之推的名字，这才放了他一马。

颜之推虽然在北齐尖锐复杂的胡汉矛盾中生存了下来，但在鲜卑勋贵抬头的北齐朝廷中，他那昙花一现般的光辉仕途便就此终结了。

第4章

再续华章

一、齐亡入周

北齐政权存在着一个致命的弱点，就是鲜卑勋贵与汉族士人之间的民族矛盾始终未能缓和。颜之推虽然在北齐末年的一场胡汉斗争中侥幸存活了下来，但随着民族矛盾的日益激化，北齐逐渐走向了衰落，颜之推的命运又该如何呢？

就在东魏北齐势力发展的同时，西魏宇文泰也在积极扩张实力，恭帝三年（556）十二月，西魏灭亡，宇文觉建立了北周政权。建德元年（572），周武帝宇文邕开始亲政。武帝在位期间，励精图治，锐意改革，使北周达到了强盛。同时，他所做的另一件大事就是出兵伐齐。

此时的北齐政权已然成了鲜卑勋贵的天下，在穆提婆、高阿那肱等人掌权后，政出多门，卖官鬻爵，唯利是图，皇帝昏庸残暴，沉迷酒色，残害忠良，百姓在日益沉重的赋税和徭役负担下痛苦不堪。在汉族士人遭到沉重打击后，颜之推虽有满腹才学，一腔热血，也无力挽救这危如累卵的北齐王朝了。

北周建德四年（575），周武帝调集十八万大军开始了对北齐的大举进攻，由于北齐军队顽强抵抗，第一次伐齐战争以北周的失败而告终。此后，周武帝仔细分析了敌我双方的形势，总结经验教训，于第二年十月，再次发动了伐齐战争。很快，周军攻陷晋阳。北齐承光元年（577），后主高纬逃回邺城。高纬认为是自己的失误，才导致了这一系列的失败。万念俱灰的他毅然将皇位让给了自己的幼子高恒，史称北齐幼主，自己则做了太上皇。

北齐的接连惨败，震撼着颜之推的心灵。为了延续家族和汉文化的血脉，他不惜屈身事胡人，尽心竭力，实现着自己的人生价值。但令之推没有想到的是，曾经在中原地区强大一时的北齐政权，这么快就要亡于他人之手了。面对着残破的山河，年近五十的之推又想到了自己飘零的身世，悲叹不已。但是，作为北齐的臣子，在国家危难之机，又岂能袖手旁观？之推经过考虑，认为当下之计，后主应该先招募一批吴地的兵士，可以与北周军队在邺城一战，如果不胜，可取道青州、徐州投奔南朝的陈国，伺机光复大齐，即所谓留得青山在，不怕没柴烧。这样，一来可以保住北齐皇室的血脉，二来自己也可以趁机回到南朝，回到自己的故乡。随后，之推和薛道衡等人又找到了当年曾向后主进言的邓长颙，通过他向后主陈述投奔陈国的想法。高纬听后，觉得十分有理，便把这个主意告诉了丞相高阿那肱等人。高阿那肱见北齐大势已去，早就打好了投降北周的主意。当他听到后主打算南逃时，连忙出手阻止。因为他本人绝不愿入陈，同时为了抓住后主到北周武帝面前讨赏，他也不愿让高纬入陈。于是，高阿那肱便对后主说吴地的兵士难以信任，不要招募他们；还不如将大量的珍宝都运送到青州去，据守三齐之地，如果守不住，入海南渡也可。这次，后主终于没有听信谗言，他随即任命之推为平原（郡治聊城，今山东聊城）太守，据守河津，以此作为在紧急情况下入陈的通道。很快，北周军队便攻陷了邺城。

在北周军队占领邺城的前一天，高纬就先逃到了济州（州治碻磝，今山东茌平西南），随后幼主也从邺城出逃。高纬和幼主会合后，二人又逃往青州，准备设法入陈，留高阿那肱据守济州。此时，高阿那肱早已投降周军，他和周军里应外合，致使高纬父子被北周军俘获，至此，北齐宣告灭亡。

周武帝平齐之后，后主高纬、幼主及太后等被送往长安，同时命颜之推与中书监阳休之、吏部尚书袁聿修等十八人随驾赴长安，之推的南归梦再次破灭。

先前，之推曾经历了侯景杀萧纲废萧栋自立和梁元帝江陵覆灭的两次亡国悲剧，至此北周灭北齐，自己已三为亡国之人。

二、晚年岁月

北齐灭亡后，颜之推被迫举家迁徙到长安，开始了在异国的新生活。这一次，之推所要面对的同样是异族的统治，但在三为亡国之人的悲惨经历后，他对于北周这个新鲜事物却完全没有兴奋感。所以，之推到长安后，基本没有什么作为，每日闭门不出，尽心教育子孙，只落得朝无禄位，家无积财，过着惨淡的生活。可喜的是，他的三子游秦在这时候出生了，或许可以稍稍抚慰一下之推破碎的心灵。不久，他便写下了那篇著名的《观我生赋》，借以悲悯自己多艰的命运，哀叹华夏文化坎坷的历程。

周武帝平齐之后，黄河流域再次得到了统一。但是，就在周武帝准备进一步一统天下之时，他却在建德七年（578）病死了。周武帝死后，其子宇文赟继位，是为周宣帝，北周政治逐渐衰落。大象二年（580），宇文赟病死，其子宇文阐年仅八岁，此时北周的人权落到了外戚杨坚的手里。也就在这一年，五十岁的颜之推，终于做了一个名为御史上士的下级官员。御史的职务是协助宰相进行司法管理。御史上士一年的俸禄是五百石，如遇到有灾荒的年份，则减少至三分之一。因此，颜之推在北周担任此职后，颜家的生活终于有了一些改观。但就在之推刚刚在北周踏上仕途之时，北周已行将就木了。

　　杨坚拥立太子即位，是为周静帝。而后，杨坚毫不手软地诛杀了自己的政敌，扫清通往皇帝宝座的道路。面对铺天盖地而来的叛乱，杨坚调集精兵强将分三路攻击敌军，取得了最终的胜利。杨坚的胜利为北周王朝敲响了丧钟，颜之推由此又将步入一个新的时代。

　　在平定了内忧外患之后，杨坚逼迫周静帝禅让，自己登上皇位，建立了隋朝。杨坚称帝以后，在政治、经济、军事等方面采取了一系列改革，使社会经济得以恢复和发展，在他统治的二十年间，天下安定，国库富足，史称"开皇之治"。

　　隋代周后，颜之推将续写他在北周没有完成的仕宦心愿。开皇二年（582）五月，长安的几个农民在一次劳作中无意挖掘出了一个秦朝的铁称权，这一事件为颜之推在隋朝的仕途发展带来了契机。所谓称权，就是秤锤，这一秦朝称权的出土可是当时的一个重要的考古发现。在这个称权上镌刻有一些文字，书体为古隶书。为了弄清这些字的意义，隋文帝杨坚找到了学问渊博的颜之推。

　　颜之推的书籍校勘功力相当深厚，他不仅能够根据不同的文献资料进行校勘，还经常利用古器物上的铭文以及碑刻上的文字进行校正工作。他在校勘中还运用了根据上下文校正古书中误字的方法，被后世诸多学者所沿用。

当颜之推得知皇帝让他考订古文字后，觉得展示自己才能的机会终于来了，一下子精神倍增。经过精心考证，之推终于解开了这些古文字的内容，并认为铁称权上的"丞相状"三字具有重要意义。因为据《史记·秦始皇本纪》记载，秦朝有一个丞相名叫"隗林"，此后经过传抄，隗林的名字基本上被后人所沿用。但是之推经过研究，却认为秦朝称权上的"丞相状"应该是丞相隗状的略称，因此这一秦朝丞相应当叫隗状，而不叫隗林。之推的这一研究成果纠正了正史的记载错误，在历史学研究方面具有重要意义。

之推在这次考古工作中锋芒初露，为他的进一步发展奠定了基础。不久，刚刚被立为太子的杨勇便找到了之推，任之推为太子学士。

随后，之推又奉敕与魏澹、辛德源等人重修《魏书》。《魏书》为北齐秘书监魏收所撰的纪传体史书。魏收在前代史书的基础上，参考了当时大量的家传、谱牒，编写成一部纪传体的《魏书》，成为保存至今关于北魏历史的最原始和较完备的史料。但是，《魏书》在撰成后，却被称为"秽史"，受到了各方面的批评。历史上，各个朝代都有修撰前代历史的习惯，因此，隋朝建立后，统治者准备重新修一部魏史，以纠正魏收《魏书》中的一些错误。之推在接受了这个任务后，与同行们一道，不分昼夜，勤奋工作，很快便完成了新修《魏书》的工作。遗憾的是，之推等人所修撰的《魏书》在今天已经看不到了。

开皇三年，之推又接到了一个任务，就是接待陈朝来的使者阮卓。陈是南朝的第四个朝代，也是最后一个朝代。自武帝陈霸先建立陈朝后，经文帝、宣帝，传至后主陈叔宝。陈叔宝终日沉迷酒色，荒疏朝政，使本来就奄奄一息的陈政权更加腐朽黑暗。与此同时，刚刚建立隋朝的文帝杨坚正在积极进行伐陈的各项准备。阮卓出使隋朝便是在这个时候。

阮卓是一个满腹经纶的人，自幼饱读诗书，善于谈论，文学水平极高。就在隋与陈暂时保持和平关系的时候，开皇三年，陈叔宝派遣阮卓来到隋朝，与之修好。对于阮卓的大名，隋文帝早有耳闻，因此特意派与阮卓水平相当的文人颜之推、薛道衡等人负责接待，借以显示隋朝的力量。之推等人不辱使命，主宾在宴会上饮酒赋诗，关系十分融洽。此后，又奉文帝之命向陈使赠送了厚礼。阮卓回到陈朝后，后主十分满意，认为自己的江山还能稳固万万年。但他没有想到的是，陈朝在六年后就被隋朝灭亡了。

开皇七年，在隋灭掉了割据江陵的后梁政权后，便向陈发起了全面进攻。开皇八年，杨坚以晋王杨广为行军元帅，率贺若弼、韩擒虎等九十个行军总管，共五十余万大军，兵分八路伐陈。开皇九年正月，隋将贺若弼攻陷京口，韩擒虎攻克采石（今安徽马鞍山），俘获陈叔宝，陈朝立国三十三年灭亡，南朝时代也随之结束，中国再次归于一统。

就在隋灭陈的转年，颜之推步入了花甲之年，他的传世之作《颜氏家训》就是在此时最终完成的。又过了几年，之推与世长辞。

颜之推一生坎坷的经历成就了传世经典名著《颜氏家训》。下面就来剖析一下这部书的思想精华。

第 5 章

古今家训之祖

一、时代成就《家训》

颜之推一生著述颇丰，但大多散佚。流传至今的唯《颜氏家训》《还冤志》《观我生赋》及一些文章片断，而他的思想精华则主要体现在《颜氏家训》中。

所谓家训，就是一个家族或家庭的父祖辈对子孙辈进行训诫的文字。中国传统文化对家庭教育极为重视，把家庭视为孩子的第一课堂，将父母视为孩子的第一任老师。《大学》指出了"修身、齐家、治国、平天下"的理想人生模式，可见家庭教育在古人心目中的地位是相当高的，而撰写家训正是家庭教育的主要方式。家训发端于先秦时期，在汉魏晋南北朝时期逐渐发展起来，进入隋唐后日臻完善，至宋代达到最高峰。《颜氏家训》正是创作于中国古代家训日益完善的时期。

那么颜之推究竟为什么会在自己的晚年写下这部《颜氏家训》呢？究其原因，这与其所生活的时代和他自己的特殊经历息息相关。

颜之推生活在南北分裂的时代，一生播迁南北，历经四个朝代。他几起几落，历尽坎坷，在其自传《观我生赋》中这样写道："余一生而三化，备荼苦而蓼辛，鸟焚林而铩翮，鱼夺水而暴鳞，嗟宇宙之辽旷，愧无所而容身。"他所说的三化指的是侯景之乱、西魏破梁和北周灭齐，再加上后来的隋代北周，颜之推一次又一次做了亡国之人，但他却能一次又一次化险为夷，历仕四朝，这不能不说与他缜密圆滑的处世态度息息相关。

颜之推原本和所有的汉族士大夫一样，其思想基础是儒家的忠孝仁义，"内诸夏而外夷狄"的华夷观在他的思想中根深蒂固。他曾经对赵武灵王胡服骑射、汉灵帝好吃胡饼等"以夷变夏"的行为进行无情的抨击。对于西晋末年"五胡乱华"的历史，之推写道："旄头玩其金鼎，典午失其珠囊。瀍涧鞠成沙漠，神华泯为龙荒。"运用历史典故表达了对胡族入侵的愤慨之情。

然而，动乱的年代却不断地动摇着他的信念。侯景之乱时，梁元帝的作为深深地触动了颜之推。他在元帝身边跟随了十余年，受元帝影响颇深。然而这位博览群书、深明"仁义"的元帝，却在侯景围困台城时拥兵二十余万而不去救驾，反而派兵去攻杀自己的侄子，并勾结西魏杀死自己的弟兄。元帝的所作所为，强烈地撼动着颜之推的忠君思想。在经历了一次次亡国之痛后，为了延续家族血脉和保护汉文化，颜之推并没有像他父亲那样"不屈二姓"，随君而去，而是采取了"何事非君"的态度。尽管他的思想始终处于矛盾之中，但这种缜密圆滑的处世方法却使得他在乱世中生存了下来。同时，他也需要把这种方法毫无保留地传给子孙，以使他们在乱世中不迷失方向。

颜之推生活的时代，战事频繁，百姓朝不保夕，苦不堪言。侯景攻破台城，数十万百姓、士兵惨遭屠杀；元帝攻克建康，以致"都下户口，百遗一二"。颜之推在《观我生赋》自注中写道："中原冠带，随晋渡江者百家，故江东有《百谱》；至是，在都者覆灭略尽。"在亲身经历了侯景乱梁给汉文化带来的毁灭性打击后，之推发出叹息道："咏苦胡而永叹，吟微管而增伤。就狄俘于旧壤，陷戎俗于来旋。慨《黍离》于清庙，怆《麦秀》于空廛。蕠鼓卧而不考，景钟毁而莫悬。野萧条以横骨，邑阒寂而无烟。畴百家之或在，覆五宗而翦焉。独昭君之哀奏，唯翁主之悲弦。经长干以掩抑，展白下以流连。深燕雀之余思，感桑梓之遗虔。得此心于尼甫，信兹言乎仲宣。"元帝承圣三年，西魏军攻破江陵，百姓被掠的掠，杀的杀，江陵转瞬成了一座空城。之推在目睹了这一幕幕人间惨剧后，又写道："民百万而囚虏，书千两而烟炀。溥天之下，斯文尽丧。怜婴孺之何辜，矜老疾之无状。夺诸怀而弃草，踏于途而受掠。冤乘舆之残酷，轸人神之无状。载下车以黜丧，捲桐棺之蒿葬。云无心以容与，风怀愤而慅恨。伯饮牛于秦中，子卿牧羊于海上。留钏之妻，人衔其断绝，击磬之子，家缠其悲怆。"与此同时，他也深深地感受到生命的可贵，领悟到"全身保性"的必要。

同时，颜之推还看到，在梁朝全盛时期，那些贵族子弟们一个个不学无术，整日花天酒地，过着养尊处优的生活。一旦遇到战乱，便只有坐以待毙。这些毫无真才实学的贵族子弟即使侥幸保全了性命，也毫无安身立命之本，面对新的朝代，竟找不到任何生存之道，只能去充当劳役，其家族也由此世代沦为奴隶。相反，那些平民百姓，虽说同样遭逢战乱，但却有一技生存，一些有知识、有技能的人还可以为人师表。

出身望族的颜之推，劫后余生，痛定思痛，他回顾自己坎坷的一生，深深地感到：在朝不保夕的动乱年代，如何使这个名门望族绵延不断而不致日趋没落，是至关重要的。同时，在激烈的胡汉冲突中，保护并维系他心目中至高无上的汉文化，也应是自己义不容辞的责任。他认为要把自己的所见、所闻、所思、所想告诉子孙后代，以使子孙们学会如何在动乱年代趋利避害，保全自身声名，保全家族名望，进而保护汉文化。正是这种强烈的责任意识驱使他拿起了手中的笔，写下了这部流传千古的《颜氏家训》。

二、一位父亲的叮咛

《颜氏家训》（以下简称《家训》）是颜之推穷其一生之知识、经历的精心之作。这部书是颜之推为后代子孙所作，有人用"一位父亲的叮咛"来概括该书的内容与主旨，颇为恰当。

关于《家训》的成书年代，学界众说纷纭，或说撰于北齐，或说成于隋代。目前最为公允的观点是该书的写作始于北齐，而成书于隋文帝杨坚平陈（589）之后。全书共七卷二十篇，每篇一个主题，包括：序致、教子、兄弟、后娶、治家、风操、慕贤、勉学、文章、名实、涉务、省事、止足、诫兵、养生、归心、书证、音辞、杂艺、终制。这二十篇内容广泛，知识丰富，涉及家庭伦理教育、品德智能教育、思想方法教育、养生教育和知识教育等诸多方面。

《家训》的首篇开宗明义，点明了全书的写作宗旨，接下来用了四篇的篇幅进行家庭伦理教育阐述，包括孝敬父母、教育子女、兄弟和睦等内容。而后又用七篇的篇幅讲述如何培养子弟成才的问题，其中不仅涉及了读书、写文章的目的、态度、方法等治学观点，还明确指出了为人处世的一系列优良操行，既重智，又重德。此外，他还用了少量的篇幅谈养生观。最后是对各种知识的介绍，包括古籍文字考据知识、音韵知识以及与文人有关的各项杂艺知识。

《家训》第一篇为《序致》，是全书的序言，颜之推开篇即点明了写作《家训》的目的："吾今所以复为此者，非敢轨物范世也，业以整齐门内，提撕子孙。"明确指出他写作此书就是为了整顿门风，教诲后辈。同时，他还指出了《家训》的独特作用："夫同言而信，信其所亲；同命而行，行其所服。禁童子之暴谑，则师友之诫，不如傅婢之指挥；止凡人之斗阋，则尧、舜之道，不如寡妻之诲谕。吾望此书为汝曹之所信，犹贤于傅婢寡妻耳。"在他看来，家人的劝告所起的作用往往胜于圣贤之书。在这篇中，颜之推还回忆了自己少年时缺乏教养，成人后迷途知返的经历，告诫家人："追思平昔之指，铭肌镂骨，非徒古书之诫，经目过耳也。故留此二十篇，以为汝曹后车耳。"颜之推希望这二十篇文章能够成为子孙们在成长过程中的借鉴，言辞恳切，情感真挚，对后代子孙的希冀之情跃然纸上。

第二篇名为《教子》，顾名思义，本篇是以如何教育子女为主旨的。篇虽然被列为第二篇，实际上可视为全书的第一章。颜之推把教子列为全书首篇，可见他对子女的教育格外重视。在这一篇中，他提出了诸多的教育观点，诸如早教的必要性、严教的重要性，对待子女要一视同仁以及父对子的威严和父子之爱的辩证关系，最后，他还特别强调了如何教子的问题。

第三篇名为《兄弟》，在这一篇中，颜之推首先提出了：

"夫有人民而后有夫妇，有夫妇而后有父子，有父子而后有兄弟：一家之亲，此三而已矣。自兹以往，至于九族，皆本于三亲焉，故于人伦为重者也，不可不笃。"同时还认为："兄弟者，分形连气之人也。"接着分析了兄弟间小时亲密，长大后疏远的原因，最后指出兄弟不和给整个家族带来的危害："兄弟不睦，则子侄不爱；子侄不爱，则群从疏薄；群从疏薄，则僮仆为雠敌矣。如此，则行路皆踏其面而蹈其心，谁救之哉？"整篇的主要思想是指明兄弟关系在整个家族或家庭中所占有的重要地位。

第四篇名为《后娶》，本篇着重论述后娶给家庭特别是子女带来的伤害。颜之推不仅列举了古代贤人后娶导致父子不和的事例，而且还引用了自家发生的事例来说明再娶再嫁对任何人都没有好处。全篇苦口婆心，谆谆劝诫，告诫子孙们不可后娶。

第五篇名为《治家》，颜之推大致分成以下几个部分来谈治家之道：一是家中位尊者要率先垂范，他认为："夫风化者，自上而行于下者也，自先而施于后者也。是以父不慈则子不孝，兄不友则弟不恭，夫不义则妇不顺矣。"二是治家要宽严适度、奢俭适中，提出了"能施而不奢，俭而不吝"的观点；三是念念不忘敦劝农事；四是对妇女持家的看法，他认为："妇主中馈，惟事酒食衣服之礼耳，国不可使预政，家不可使干蛊；如有聪明才智，识达古今，正当辅佐君子，助其不足，必无牝鸡晨鸣，以致祸也。"在他看来，妇女该做的事就是做饭洗衣这类家务事，而不能参与家中的政事。颜之推的这一观点折射出了那个时代男女不平等的社会现象。五是借别人的书一定要爱惜。六是告诫子孙不要在请神趋鬼这类不可信的事情上浪费钱财。

第六篇名为《风操》，该篇主要介绍了孝亲、避讳、起名、称谓以及南北方不同的丧葬习俗、试儿习俗、待客习俗等等，有助于我们进一步了解那个时代的风俗习惯和南北的风土人情，具有十分珍贵的史料价值。

第七篇名为《慕贤》，在这一篇中集中体现了颜之推的人才观，他列举了诸多贤人在历史上所起的作用，申说自己尊贤慕贤之意。他认为："与善人居，如入芝兰之室，久而自芳也；与恶人居，如入鲍鱼之肆，久而自臭也。"由此他特别提出了"君子必慎交游"的主张，对如何选择朋友做了明确的阐述。

第八篇名为《勉学》，是《家训》的重点篇章，该篇涉及了诸多与学习读书有关的内容。开篇即指出了勤学的重要性："自古明王圣帝，犹须勤学，况凡庶乎！"接下来，颜之推提出了"勉学"的指导思想，指出"人生在世，会当有业"，"父兄不可常依，乡国不可常保"，"积财千万，不如薄伎在身"。随后，他又阐明了读书的目的："夫所以读书学问，本欲开心明目，利于行耳。"他极力主张知行合一，并以自身的实例和一些名人的事例证明了学习是一生的事，年龄的大小不能成为不学习的借口。此外，他还讲述了学习的正确态度和方法。最后，他用了很大的篇幅列举了许多治学和作文中的错误，一方面展示出颜之推的博学，另一方面，是为了教育子孙要遍览群书，博学强记。他针对校勘书籍提出的"观天下书未遍，不得妄下雌黄"的见解，一直为后世校勘学家所推崇。

第九篇名为《文章》，此篇主要有两个方面的内容：一是文人，颜之推列举了众多文人轻薄的行为，表明了他对文人无行的不满态度；二是文章，颜之推阐述了自己对于文章的种种见解，包括文章的功用、体制等。

第十篇名为《名实》，篇中重点讲的是人的名声与实际要相符。

第十一篇名为《涉务》，在此篇中，颜之推提出了一个响亮的口号："士君子之处世，贵能有益于物耳。"明确指出人生在世，应当有益于社会。

第十二篇名为《省事》，此篇涉及的内容较多，有劝人不要多言的，有反对上书言事的，有要专于一种技艺的，有反对通过行贿或关系去获取官位的，还有如何以仁义为准则来调节自己的行为等。

第十三篇名为《止足》，主要告诫子孙要有知足之心，不可贪得无厌并特别在结尾反复用了两个"慎之哉"，足见颜之推的恳切之意。

第十四篇名为《诫兵》，意在告诫子孙不要崇尚武力。

第十五篇名为《养生》，此篇集中了颜之推独特的养生观点，指出："夫养生者先须虑祸，全身保性，有此生然后养之，勿徒养其无生也。"同时，他又提出："夫生不可不惜，不可苟惜。"他一方面告诫子孙要善待生命，另一方面又教育子孙临难不苟，这一独特的养生观十分值得称道。

第十六篇名为《归心》，是颜之推佛教思想的集中体现。

第十七篇名为《书证》，篇中记录了颜之推对自己所看到的《诗》《尚书》《周礼》《孟子》《庄子》《史记》《汉书》等有关文献的校勘，应该算是一篇讲述考据之学的专论。

第十八篇名为《音辞》，是专门讨论音韵的篇章。

第十九篇名为《杂艺》，该篇涉及了书法、绘画、射箭、占卜、算术、医学、弹琴、博戏、围棋、投壶等诸多杂艺，颜之推对这些杂艺的观点是，可以学习，不可精通。

第二十篇名为《终制》，这是全书的最后一篇，主要是颜之推对自己后事的安排，类似遗嘱。字里行间流露出他对子女的殷切期望，也表现出他对丧葬之事的达观心态。

第6章

严慈并济的理家观

一、教儿婴孩

所谓"教儿婴孩"就是及早进行家庭教育，这是颜之推家庭教育思想中的重要主张。

我国的早期教育思想自古有之，孔子就曾说过："少成若天性，习惯如自然。"孟子也主张"及时而教"。东晋的葛洪认为："少者志一而难忘，长则神放而易失。故修学务早，及其精专，习号隆成，不异自然。"颜之推在总结前人思想的基础上，认为在家庭教育中，早期教育是非常重要的。因为孩子在幼小的时候，童心未泯，天性纯真，可塑性强，精神集中，比较容易接受各种事物。长大后，由于受各种外界环境和事物的干扰，人的注意力就容易分散，如果想在此时进行启蒙教育就比较困难了。所以应该及早施教，不要错过教育的最佳时机。

为了贯彻早教主张，颜之推提出了胎教的思想。中国是世界上最早提出并实施胎教的国家。胎教是优生优育的方法之一，也是早期教育的一种形式。在胎儿期内，利用一定的方法，通过母体给胎儿以各种良性刺激，从而促使胎儿在生理和心理上健康成长。现代意义的胎教有多种方法，主要包括音乐胎教、语言胎教、抚摸胎教、艺术胎教、光照胎教等。根据调查结果，经常进行胎教的孕妇，顺产的概率是比较高的。同时，准妈妈、准爸爸们通过各种方式对尚在母体中的胎儿进行胎教，也是增进父母与孩子感情的一种很好的沟通方式。颜之推指出："古者，圣王有胎教之法：怀子三月，出居别宫，目不邪视，耳不妄听，音声滋味，以礼节之。书之玉版，藏诸金匮。"根据颜之推的描述，古代圣贤的君王从很早就开始使用胎教方法了。具体的方法是：在王后怀孕三个月后，就要搬出皇宫，住在其他的宫中。在此期间，王后不能看不该看的东西，不能听不该听的声音，她所听到的声音和所尝到的滋味，都要按照王室规定的礼仪进行节制。王室十分重视这种胎教的方法，要将其书写在玉版上，并收藏在贵重的金属柜子中。我国古代有很多关于胎教的记录，据《列女传》记载，周文王的母亲太任，性情端庄，道德高尚，在怀文王时，就是因为"目不视恶色、耳不听淫声、口不出傲言"，实施了很有效的胎教方法，才使文王在长大成人后成为一代明君。西汉初年，贾谊总结了古代的胎教方法，在其所著的《新书》中，专门撰写了《胎教》一篇。魏晋南北朝隋唐时期，随着医学的长足发展，胎教开始成为医学重要的门类之一。北齐徐文才的《逐月养胎法》是较早涉及胎教的医学专著。

颜之推认为在孩子出生后，就要开始进行启蒙教育。"子生咳提，师保固明孝仁礼义，导习之矣。凡庶纵不能尔，当及婴稚，识人颜色，知人喜怒，便加教诲，使为则为，使止则止。比及数岁，可省笞罚。"小孩子的可塑性是非常强的，学好还是学坏，都与大人的引导和外部环境的影响密切相关。在古代圣王的家庭中，孩子出生后两三岁，就要给他确定辅佐他的太师、太保的人选，要对他正确引导，让他知道什么是孝、仁、礼、义。对于普通人来讲，虽然达不到上述王室的启蒙教育要求，但也应该在孩子会辨认大人脸色、察觉大人喜怒的年龄时，不失时机地开始对他进行各方面的教育，要让孩子知道什么该做，什么不该做。大人允许他做才能做，不允许的就不能做。颜之推认为如果及早对孩子进行启蒙教育，等他长到几岁大的时候，就可以省去许多麻烦，特别是可以省去对孩子使用暴力性的惩罚。同时，颜之推还指出了环境在早期教育中的重要性，"孟母三迁择邻"的故事便反映了这一观点。颜之推认为："人在少年，神情未定，所与款狎，熏渍陶染，言笑举动，无心于学，潜移暗化，自然似之……是以与善人居，如入芝兰之室，久而自芳也；与恶人居，如入鲍鱼之肆，久而自臭也。"也就是说，一个人在少年的时候，精神和性情都还没有定型，如果和身边要好的朋友在一起，肯定会受到他人的熏陶和感染，朋友的一言一笑，一举一动都会潜移默化地影响他。所以说如果和品质高尚的人在一起，就好比是进到了种满芝草兰花的屋子里一样，时间长了自己也会变得芳香；反之，如果和品德恶劣的人在一起，就好像是进入到堆满鲍鱼的市场中一样，时间长了，自己也会变得腥臭难闻。这就是所谓近朱者赤，近墨者黑，外部环境的优劣对一个人的成长是至关重要的。

颜之推在他的早期教育思想中，强烈反对父母从小过分溺爱小孩。一些父母不对子女进行正确的教育和引导，而是一味地溺爱，颜之推对此颇不以为然。关于这一点，颜之推的观点是："吾见世间，无教而有爱，每不能然；饮食运为，恣其所欲，宜诫翻奖，应诃反笑，至有识知，谓法当尔。骄慢已习，方复制之，捶挞至死而无威，忿怒日隆而增怨，逮于成长，终为败德。"这些父母从小就让孩子为所欲为，孩子想做什么就让他做，想吃什么都给他买，从来都不说一个不字。该禁止的反而奖励，该训斥的反而大笑，在这样的教育环境下，孩子会逐渐养成骄横傲慢的习气。等到孩子长大后，他们理所当然就认为自己所做的一切都是正确的。父母如果在这时才想起来制止或纠正孩子的坏毛病，就为时已晚了。颜之推认为此时即使是父母使用暴力把孩子打个半死，也无济于事了，反而更增加了孩子对父母的怨恨，等到他长大成人，终究是个道德败坏的人。

颜之推曾经回忆自己在七岁时，就可以全部背诵《鲁灵光殿赋》，然后每隔十年复习一遍，一直到老，都不会遗忘。二十岁之后背诵的经书，只要搁置一个月不复习，就会荒废。他以自己的亲身经历践行了早期教育的重要性。

二、威严而有慈

在家庭教育中，威严与慈爱始终是一对矛盾体。父母过于严厉，对子女过于显示权威，容易疏远父母和子女的亲情，从而使子女对父母离心，不利于家庭和睦，而且在这种只有严没有爱的家庭中长大的孩子，本身也会缺乏爱心。反过来，如果父母对子女只是一味慈祥疼爱，而不加任何管教，这就是人们常说的"溺爱"，其结果是使子女过于放纵，同样不利于他们的健康成长和家庭幸福。于是，颜之推针对子女教育的问题提出了"威严而有慈"的观点，这与现代社会所提倡的要把爱与教相结合的观念是一致的。

《弟子规》开篇写道："弟子规，圣人训。首孝悌，次谨信。""孝悌"是中国传统伦理思想的重要组成部分，在整个儒家思想体系中占有重要地位。"孝敬父母，友爱兄弟"是孝悌观念的具体表现形式。中国社会一向遵循"百善孝为先"的原则，并且认为有孝心的人才能成就大业。的确，一个人如果连自己的父母都不爱，又怎么能指望他去爱他人、爱社会呢？一个没有爱心的人，又如何与他人和睦相处，更不要提成就一番事业了。而如何让孩子有孝心，颜之推提出了自己的观点。他认为："父母威严而有慈，则子女畏慎而生孝矣。"面对孩子，父母既要保持威严的一面，同时又要有慈爱的一面，那么子女就会对父母敬畏谨慎，进而产生孝心。在威严与慈爱之间，颜之推更强调家长的权威性，在他看来，家长的权威是有效地教育子女的重要条件。"父慈子孝"历来是人们心目中理想的父子模式，颜之推认为要想达到这种境界，关键在于做父母的要保持威严的形象，也就是说做父母的就要有做父母的样。"父子之严，不可以狎；骨肉之爱，不可以简。简则慈孝不接，狎则怠慢生焉。"父子之间要严肃，绝不能过于亲昵，也就是说，当爸爸的不能和儿子搂搂抱抱、说说笑笑，更别说参加什么亲子足球赛了。在颜之推看来，父就是父，子就是子，绝不可过于亲昵，否则孩子就会放肆无礼，不尊重父母，进而影响到孩子一生的成长。对此，颜之推还给我们举了两个十分生动的例子。

在南朝梁有一个大司马王僧辩，据说他能够做到如此高官，在很大程度上是得益于他的母亲教育有方。他的母亲魏夫人以治家严谨著称，被称为"明哲妇人"。这位老夫人为人谦和，但对她的儿子却是格外严厉。她奉行的是"棍棒下出孝子"的原则，王僧辩小时候，挨打是家常便饭。即使在步入不惑之年以后，他还没能逃脱老母亲的棍棒。那时王僧辩已经是一位统率大军的高级将领了，但只要他言行有差，他的母亲便毫不犹豫地棍棒相加。母亲的严厉使得王僧辩一直沿着正途前进，不敢稍有偏差，终成勋业。因此，颜之推认为父母的严厉是保证子女成才的重要因素。

与王僧辩的成功事例相比，颜之推又举了一个因父母溺爱娇宠而害了子女的事例。

梁元帝时，有一个学士，既聪明又有才华，小时候就是个神童。有这么个神童儿子，父亲自然是视如珍宝。如果儿子有一句话说得好，他的父亲就到处宣扬，而且一年到头赞不绝口。这种方法与现在提倡的鼓励教育法相类似，不过就是鼓励得过了头。要是儿子做错了，父亲不仅不打不骂，反而极力遮掩，希望儿子能自觉改正。这种父亲给儿子留面子的做法，就是现在常说的尊重孩子，保护孩子的自尊心，其初衷还是好的。只是他忽略了一点，孩子小的时候是不能自己明辨是非的，他需要父母的引导和教育。在这种过度鼓励、有错不纠的教育方法下，这位学士成年后，竟然成了一个粗暴傲慢的人。其最后的结果是很惨的，据说因为他说话不检点，不仅被人抽去了肠子，而且还用他的血去涂抹战鼓。

正反两个例子说明了父母教育子女的重要性，也说明了颜之推对严教的重视。

《礼记·内则》中有这样的记载：凡是有地位的读书人，以及那些达官显贵，父子都不同室居住（估计穷人要是房子多也可以做到），其目的就是使父子之间不能过分亲昵。同时做子女的还要遵守许多必要的礼节，比如，每天早上起床后，要给父母铺床叠被，收拾整齐。要是父母身体不舒服，还要给父母推拿按摩。做父母的都要教育子女严格遵守这些礼节。颜之推十分推崇《礼记》，在《颜氏家训》中多次引用。

父母对子女严教是无可厚非的，即使在现代社会也并不排斥严教。现代社会提倡父母是孩子的朋友，当然这个观点颜之推肯定是无法接受的。他老人家要是看到电视系列剧《家有儿女》中父亲与儿子的关系，肯定会将其作为反面教材的。应该说颜之推的"威严而有慈"更着重威严，而现代社会则更强调关爱。不过，无论侧重哪一方面，对子女爱与教结合的观点从古至今从未改变。颜之推把父母严厉管教子女比喻成治病救人，"凡人不能教子女者，亦非欲陷其罪恶；但重于诃怒。伤其颜色，不忍楚挞惨其肌肤耳。当以疾病为谕，安得不用汤药针艾救之哉？又宜思勤督训者，可愿苛虐于骨肉乎？诚不得已也。"一个人生了病，哪有不用汤药、针灸就能治好病的呢？而那些严厉训导子女的父母，其实也不忍心让子女受皮肉之苦，但他们为了能让子女有一个好的未来，迫不得已采取这些看似残忍的手段。颜之推提倡的体罚教育在当今社会肯定是行不通的，现在的孩子逆反心理那么强，这棍棒下不是出逆子，就是出人命了。何况现代社会也不允许使用家庭暴力。然而颜之推提倡的严教却是正确的教育方法，父母应该爱孩子，也可以和孩子做朋友，但是父母应该是掌舵者，时刻把握着孩子这艘航船的方向。一旦发现孩子偏离航向，就要严厉制止，让孩子调整航向，回归正途，而绝不可放任自流，任其漂泊。

教与爱虽是一对矛盾体，但同时又是相辅相成的，关键是如何把握好二者的分寸。善于教育的父母，应该在教育时庄重严肃，不失父母的威仪，而又不要过于严厉苛责；同时还要关心孩子，体贴孩子，多站在孩子的角度考虑问题，爱孩子，但不宠孩子。只有这样才能真正树立起父母的威信，进而更好地实施家庭教育。一味地溺爱或者一味地粗暴，同样都是对孩子的伤害。抛开体罚，颜之推提出的严慈结合的家教原则，在今天看来仍然是科学合理的。

三、感恩父母

如今，孩子们过生日往往要大操大办一番，有的父母要在饭店订桌，请来亲戚朋友或者孩子的朋友们一起庆贺一番，有的父母要在这一天带孩子尽情地游玩儿，还有的会送给孩子最想得到的礼物。大一些的孩子还要自己搞一个生日PARTY。总之，过生日，对于孩子来说，实在是一年中最快乐的一天。应该说过生日的惯例是从古代一直延续下来的。

在南北朝时，江南有一种风俗，叫作"试儿"，也叫"抓周"。就是在孩子满一周岁的这天，父母请来亲朋好友，然后给孩子穿上新衣抱出来。这时，在孩子面前会摆放很多东西，吃的喝的、珍宝玩具，应有尽有。当然，男女还有差别。如果是男孩，还要摆上弓箭、纸笔；如果是女孩，就摆上针线和尺。接下来，就让孩子随意去取，凭借他们所拿的东西来预测他们的未来。这当然并不可信，但关键的是这一天亲朋们会聚在一起欢宴一番。此后，每年的这天做父母的都要大宴宾客，给孩子庆贺生日。颜之推在《家训》中记录了"试儿"的这种风俗，他对庆贺生日也是认可的，但他认为"自兹已后，二亲若在，每至此日，尝有酒食之事耳。无教之徒，虽已孤露，其日皆为供顿，酣畅声乐，不知有所感伤"。也就是说，这种庆贺仅限于父母在世时，有些人在父母去世后依然在生日这天欢宴，他认为这是没有教养的表现，因为在生日这一天应该回忆的是父母辛勤的一生。其实，现在我们也常说孩子的生日是母亲的难日，然而生日的实质却早已变成了物质的享受。据说梁元帝少年时，每逢生日那天，都要摆放素食，讲习经文。如今一些集体生日会也开始把"感恩父母"作为生日主题，这一生日理念的回归与颜之推的看法如出一辙。

　　颜之推提倡子女在父母在世时要孝敬父母，过世后更要常怀感念之恩。颜之推指出了一种现象，即"人有忧疾，则呼天地父母，自古而然"。也就是说，人在遇到各种困难之时，会哭天喊地，呼爹叫娘。这是人的天性使然，足见父母对于一个人的重要性。父母去世，子女哭泣，这也是人之常情。在江南，如果朝廷的某个大臣故去了，他的子孙在服丧期满以后，就要去朝见天子和太子。拜见时理当哭泣流泪，天子和太子也往往被这种情绪所感染。像裴政脱去孝服后来朝见梁武帝时，就是涕泪交流，面容憔悴。梁武帝望着裴政远去的背影，不禁感叹道："裴之礼没有死啊！"当然，也有一些人在朝拜时容光焕发，怎么看也看不出有悲痛的感觉，对于这样的人梁武帝是十分痛恨的，往往会因此降了他们的官职。然而，就是这样的"人之常情"却常常会因为某些莫名其妙的原因变得不近情理。阴阳家说："辰日是水墓，又是土墓，因此不能哭丧。"王充在《论衡》中也说过类似的话，大意是如果在辰日哭，家里还会再死人。于是，有些人家如果不幸在辰日遇到丧事，不管多难过，也不能哭，不仅没哭声，连吊唁的宾客也被拒之门外。在道家的书上还有这样的说法："阴历每月的最后一日不许唱歌，阴历每月初一不许哭泣，否则都是有罪的，上天会减少他的寿命。"颜之推不禁质问："丧家朔望，哀感弥深，宁当惜寿，又不哭也？亦不谕。"如果内心特别悲痛，难道为了自己不减寿，就不哭泣了吗？这能称作"孝"吗？对于这类人，颜之推毫不留情地给了他们一个定语——"缺乏教养"。当然，还有甚者，出殡当天，门前烧火，屋外铺灰，不仅要举行仪式送走家鬼，而且还要向上天呈送奏章祈求镇住死者，以免祸及家人。这种做法，在颜之推眼中，显然更不近情理了。

颜之推推崇那些终生感念父母的人。北魏王修的母亲是在社日去世的。到了转年社日那一天，王修心情非常沉重，邻居们看到后，便取消了欢庆社日的活动。颜之推认为在父母的忌日这天，无论是遇到节日还是某些需要庆祝的节气，都不应该与朋友欢宴或外出游玩。

人们常说"睹物思人"，颜之推认为："二亲既没，所居斋寝，子与妇弗忍入焉。"父母过世后，他们生前居住的屋子，子女不忍心再进去；生前看过的书籍，用过的杯子，子女也不忍心再阅读和使用。北朝时顿丘（今河南濮阳市清丰县）李构在他的母亲刘氏去世以后，便将其母生前住的那间屋子的房门紧锁，不再开启了。吴郡（今江苏苏州）陆襄的父亲陆闲被处以死刑，从此陆襄就和"刀"绝缘了。他终身只穿用布做的衣裳，吃饭时只吃素食，因为肉是要用刀切的，但吃素食也有规矩，比如生姜是不能放的，因为姜片也要用刀切，至于蔬菜，也不能用刀切，只能用手撕了。江宁（今江苏南京）人姚子笃，因为他的母亲是被大火烧死的，所以他终生不吃烤肉。而豫章（今江西南昌）人熊康的父亲由于酒醉被奴仆杀死，熊康从此便滴酒不沾。当然，这些人以各自的禁忌来怀念父母是无可厚非的，然而颜之推也指出："然礼缘人情，恩由义断，亲以噎死，亦当不可绝食也。"礼仪是依照人情而制定的，感恩报德的行为也要在合理的范围内。如果父母是因为吃饭噎死的，子女当然不能因此而绝食了。

颜之推在感念父母这个问题上一直持一种辩证的态度，他肯定触景生情、睹物思人这些人之常情，但他也反对过度悲伤以至于荒废事业。他引用了《礼记》的两段话，一是"见似目瞿，闻名心瞿"，一是"临文不讳，庙中不讳，君所无私讳"。前一段话是说，见到长相与已故父母相似的人或者听到与已故父母名字相同的字，都会惊惧不安，伤心难过。而第二段话说的是，即使如此，也需要学会忍耐，不要一听到名讳就伤心不已，撒腿就跑，有一些情况是不能避讳的。梁朝有一位颇有声望的人叫谢举，可是这个人就是孝顺过度了，只要一听到别人称呼自己父母的名字就哭，结果因此被人讥笑。还有一个叫臧逢世的人也是如此。臧逢世是一个专心学习、行为端正的人，梁武帝担任江州（今江西九江）刺史时，曾派臧逢世到豫章郡下的建昌县处理政务。每天，他的桌案上都会满满地堆着百姓写来的信，本来他是很勤于政务的，但由于他的父亲叫"臧严"，所以他只要在信中一看到"严寒"两个字，就会伤心流泪，甚至难过得无法继续看下去，以致一次又一次地耽误公务，致使百姓怨声载道，最终他只得返回了江州。颜之推毫不客气地为这两个人下了评语："此并过事也。"这两个人都错了。

颜之推提倡孝道，而又反对愚孝，他这种辩证的思想在当时那个时代是十分难得的。

四、兄弟相顾

前文提到，"孝悌"观念是儒家伦理思想的重要组成部分，其中"悌"就是兄弟友爱之意。《尚书·君陈》中有云："唯孝友于兄弟……"可见，古人对兄弟间的和睦相处是十分重视的。颜之推在《家训》中更是以"兄弟"为题，用了一章的篇幅对兄弟间该如何相处做了详细的论述。

　　颜之推指出："夫有人民而后有夫妇，有夫妇而后有父子，有父子而后有兄弟：一家之亲，此三而已矣。"一个家庭中最亲近的关系莫过于夫妻、父子、兄弟这三种关系，而人们常说的九族，正是从这三种至亲关系发展而来，因此可以说这三种关系是所有亲缘关系的源头。那么，兄弟是一种什么样的关系呢？我们常把兄弟比作手足，而颜之推更是给"兄弟"下了一个准确的定义："兄弟者，分形连气之人也。"就是说，兄弟是形体不同而气息相通、血脉相连的人。在他们年幼的时候，父母常常会一手拉着哥哥，一手拉着弟弟；或者哥哥拉着父母的前襟，弟弟拽着父母的后摆一起出行。他们一张桌子上吃饭，一张床上睡觉。哥哥穿小了的衣服弟弟接着穿，哥哥用过的书弟弟接着读。哥俩儿一起读书，一块儿玩耍，这就是兄弟。颜之推认为，年幼的时候，兄弟俩是相亲相爱的，可是一旦各自成家后，兄弟间的情分就淡了。究其原因，罪魁祸首则是女人。

　　在颜之推看来，兄弟一旦各自娶妻、生子，兄弟间的感情就会渐渐疏远了。因为"娣姒之比兄弟，则疏薄矣；今使疏薄之人，而节量亲厚之恩，犹方底而圆盖，必不合矣"。娣姒是两个陌生的人，她们自然不会像亲兄弟间有那么深的感情，而如今要让她们来掌握、控制兄弟间的情分，那自然就会疏离了。所以颜之推认为这一点应该特别引起兄弟们的警惕，他认为"惟友悌深至，不为旁人之所移者，免夫！"只有那些兄弟感情特别深厚，不受娣姒们影响的，才能避免兄弟关系疏远。

　　颜之推进一步指出："二亲既殁，兄弟相顾，当如形之与影，声之与响；爱先人之遗体，惜己身之分气，非兄弟何念哉？"特别是在父母去世后，兄弟间更应该互相照顾，在这里他用了两个很贴切的比喻，他把兄弟间的关系比作形体和影子，比作声音和回响。然而，兄弟间如果不够亲密，则必然会产生怨恨。他打比方说，兄弟之间的关系"譬犹居室，一穴则塞之，一隙则涂之，则无颓毁之虑；如雀鼠之不恤，风雨之不防，壁陷楹沦，无可救矣"。也就是说，一间房屋，如果破了一个洞立刻补上，裂了一条缝马上封上，房子就不会有倒塌的危险，但假如对雀鼠的穿啄置之不理，对风雨的侵蚀毫不防范，这样总有一天会墙倒屋塌。颜之推的这个比喻是很形象的，但是在他口中所谓的"雀鼠""风雨"正是侍妾、妻子这些女人，他始终认为这些女人是导致兄弟疏远，甚至反目成仇的罪魁祸首。这种观点不能不说是对妇女的极度歧视。

颜之推提出了一种非常理想的兄弟关系，那就是弟弟应以侍奉父亲的态度来对待兄长，而兄长则应像疼爱自己儿子那样去对待弟弟。为此，他举了两个兄弟之间相亲相爱的例子。南齐著名学者刘瓛曾经和他的弟弟刘琎住在一起，两人的房间只有一墙之隔。有一次刘瓛叫弟弟过来，可连续叫了好几声也没人答应，过了好长时间，刘琎才答应。刘瓛很纳闷，便问刘琎为什么这么久才回答。刘琎告诉他说："我刚才还没有穿好衣服。"颜之推举这个例子意在说明刘琎对兄长的尊敬，衣帽不整齐，是不能应答兄长的。当然，这个故事在今天看来未免显得过于迂腐了。

第二个例子讲的是江陵的王玄绍和他的两个弟弟孝英、子敏共同赴死的故事，这兄弟三人平时感情就特别好，比如说，如果有什么美食，必须要三人聚在一起才能吃，否则谁也不会先尝一口。江陵陷落时，王玄绍被敌兵团团围住，两个弟弟都争着去抱住他，要替他而死，兄弟俩谁也不肯撒开手，最终三人死在了一起。颜之推用这两个事例来教育子孙，兄弟间一定要互相团结，真心爱护。

　　颜之推之所以一再强调兄弟和睦，正是因为这种关系对一个家庭乃至整个家族的和谐非常重要。他认为："兄弟不睦，则子侄不爱；子侄不爱，则群从疏薄；群从疏薄，则僮仆为仇敌矣。如此，则行路皆踏其面而蹈其心，谁救之哉？"如果兄弟之间不和睦，势必造成下一代，也就是子侄之间的不和睦，由此，家族中的子弟就会关系疏远，而接下来奴仆之间也会由于主人的不和而互相为敌。这样如一盘散沙的家族一旦遇到危难，又有谁会出手相救呢？在这里，颜之推说出了一个值得人们深思的现象：那就是人们往往可以和外人相处得很好，却不能与亲人搞好关系。所谓"人或交天下之士，皆有欢爱，而失敬于兄者，何其能多而不能少也！人或将数万之师，得其死力，而失恩于弟者，何其能疏而不能亲也！"其实，这一现象在今天社会仍然存在，人们往往对待朋友宽容豁达，而对待亲人却斤斤计较，人们习惯于对外人的帮助感激涕零，而对亲人的关爱看作是理所当然。颜之推一针见血地指出了人与人相处时这一不经意的现象，的确发人深省。

　　颜之推在《兄弟》篇反复强调兄弟和睦的重要性，同时也反复指出妯娌矛盾是导致兄弟不和的主要因素，毋庸置疑，他对妇女的歧视是与他所处的时代分不开的。今天，很多家庭都是独生子女了，兄弟的概念已然淡化，但颜之推所提倡的家族和谐的观念仍然具有强烈的现实意义。

第7章

情理兼顾的礼俗观

一、南北风俗

千百年来，一条长江将南北阻隔，由此形成的南北差异至今也没有消除。早在西汉时期，江南在司马迁的笔下是"江南卑湿，丈夫早夭"，北方人对南方的总体印象就是地势低下、潮湿毒瘴，生态环境恶劣，不适宜生存，这种观点对后世影响很大。秦时南攻杨粤，大批戍卒由于水土不服而死亡，以至于当时的人形成了一种观念，即如果到南方服役，就等于去送死。西汉文帝时贾谊被贬为长沙王太傅，听说长沙卑湿，便认为自己活不长了，十分郁闷。东汉和帝时，扶风马援之子马防因罪坐徙封丹阳，马防以江南下湿为由，上书恳求皇帝让自己回到原郡，得到了和帝的批准。桓帝延熹二年（159），尚书令陈蕃向桓帝推荐豫章徐稺时，虽然钦佩徐稺的才学，却说徐稺来自江南卑薄之域，对南方地域有鄙夷之色。可见，秦汉时期，北人对南方的印象极差。

西晋时，北方士人又将对南方生态环境的鄙夷转嫁到对江南士人的态度上。江东士族在他们的原郡曾以"南金东箭"闻名于世，人才辈出。如陆机、陆云兄弟被称为"二陆"；丹杨纪瞻、薛兼和广陵闵鸿、吴郡顾荣、会稽贺循，五人齐名，号为"五俊"；会稽孔愉（字敬康），与同郡张茂（字伟康）、丁潭（字世康）齐名，时人号称"会稽三康"。然而，江东士族在西晋平吴入洛之后，却一度受到中州士人的歧视，得不到他们的认可。广陵华谭入洛对策，世人难比，而博士王济却当众嘲笑他说："你们这些吴楚人都是亡国之人，有什么秀异之处而前来应对？"华谭不慌不忙地答道："秀异固产于方外，不出于中域也。是以明珠文贝，生于江郁之滨；夜光之璞，出乎荆蓝之下。故以人求之，文王生于东夷，大禹生于西羌。你没听说过吗？当年武王克商，迁殷顽民于洛邑，你们不就是这些人的后代吗？"华谭的一席话使王济对之刮目相看。陆机、陆云兄弟入洛之后，亦去拜见王济。王济把数斛羊酪放在了陆氏兄弟面前，指着羊酪对陆云说："你们江东有什么东西可以和它相比？"陆云说："有千里莼羹，但未下盐豉耳！"王济企图通过食物对江东士人进行嘲笑，却被他们委婉地反驳了。陆机兄弟还曾经去拜见刘宝，当时刘宝还在为亲人服丧。刘宝非常喜欢喝酒，喝完酒经常胡言乱语。他和陆氏兄弟见过礼后，没有说什么话，只问了一句："听说东吴有一种长柄的葫芦，不知道你们会种吗？"刘宝这种鄙夷的态度，令陆氏兄弟非常失望。东吴降晋后，王浑登上建邺宫，酒醉之余，对当地的吴人说："你们这些亡国之人，难道不伤心难过吗？"这时，曾在东吴任官的周处回答说："汉末分崩，三国鼎立，魏灭于前，吴亡于后，难道只有我一个人有亡国的悲痛吗！"中州士人对江东士人有时还使用侮辱性的言语。魏晋以来，中原士人都把江东人称为貉子，貉子是属于狐貉之类的动物。如陆机奉成都王司马颖之命讨伐长沙王司马乂，其属下孟超纵兵大掠，陆机将主事者逮捕，孟超得知后，夺回自己人，并对陆机说："貉奴能作督否！"根本不把陆机放在眼里。

这种南北矛盾在魏晋南北朝时期一直存在。造成这些南北矛盾的原因实际上是南北生存环境、政治经济实力、风土文化以及风俗习惯之间的差异。颜之推先后在南朝的梁和北朝的齐、周以及隋朝做官，他不仅亲身经历了几个朝代的变迁，而且生活于南北各地，耳闻目睹了南北不同的风土人情，于是他在《家训》中记录下了南北两地迥异的生活风俗。

颜之推首先用了较大的篇幅描述了后娶的问题。所谓后娶，一般是指男子在妻子死亡后再娶（当然也包括休妻后再娶）。南北两地不仅后娶的风俗不同，而且后娶所造成的后果也不同。

关于后娶的南北差异，颜之推认为："江左不讳庶孽，丧室之后，多以妾媵终家事；疥癣蚊虻，或未能免，限以大分，故稀斗阋之耻。河北鄙于侧出，不预人流，是以必须重娶，至于三四，母年有少于子者。后母之弟，与前妇之兄，衣服饮食，爱及婚宦，至于士庶贵贱之隔，俗以为常。"北方的男人如果妻子死了，必须要再娶，任凭你有多少个小妾也不行。而南方的男人，如果妻子死了，就可以由妾来主持家务。这是因为长江以南的人对于妻妾所生的子女一视同仁，并不排斥妾生的子女。尽管由妾主持家务，也会产生这样或那样的矛盾纠葛，但是由于名分的限制，很少会发生兄弟之间争斗反目的事情。而北方的情况就不同了。北方的人对妾所生的子女持鄙视态度，嫡庶的界限十分严格，嫡子和庶子的地位是不平等的。

中国古代的嫡庶之制是先秦宗法制度进一步发展的结果。这种制度是在多妻的情况下，区分作为法定配偶的正妻和众妾身份上的尊卑，从而规定正妻所生的嫡长子的有限继承权，即严格区分嫡庶。所谓嫡子指古代正妻所生之子，亦专指正妻所生的长子；庶子则为妾所生之子，亦指正妻所生除长子以外的其他儿子。嫡子有继承父亲地位的权力，而庶子的地位，较嫡子为低，不能承奉祖庙的祭祀和承袭父祖的地位。嫡庶之地位相差很大，且区分甚严。

因此，如果男人的妻子死了，就必须要再娶一个正妻来主持家务。如果这个后娶的妻子又死了，还要再娶，有的人一生甚至娶了三四次，结果后母的年龄比前妻的儿子还要小。在北方人的观念中，不仅嫡庶不平等，而且后妻与前妻所生的子女地位也不同。前妻的儿子地位往往要在后妻的儿子之上，无论求学当官，还是婚姻嫁娶，都有贵贱之分。这样一来，后妻为了保障自己儿子的利益，就会想方设法地贬低前妻的儿子。比如在丈夫耳边不断地说前妻儿子的坏话，挑拨父子关系。

的确，自古以来，在人们的心目中，后父一般都比较疼爱前夫留下的子女，而后母必定要虐待前妻的子女。颜之推对这一现象做了很透彻的分析，他认为："非唯妇人怀嫉妒之情，丈夫有沉惑之僻，亦事势使之然也。"也就是说，这并不是因为女人天生嫉妒心强，而男人天生胸怀宽广，而是事物发展的必然结果。因为前夫留下来的孩子，不敢与后父的孩子争夺地位、财产，本身处于弱势地位，在这种情况下，后父不仅无须防范，而且还会尽心地抚养他们、提携他们，长此以往，父子关系自然十分融洽。而后母的情况就不同了。前面说过，后母虽然也是正妻，但其地位仍然难与前妻相比，其所生子女地位也低。后母为了维护自己和子女的地位，自然要处处提防着前妻的子女，虐待的现象就这样产生了。由此便引发了一系列家庭祸患：父子成仇，兄弟反目。而这一切都是由于北方人嫡庶观念过强造成的。

颜之推举了一个实例来说明这一问题。有一个叫尹吉甫的人，他的儿子叫伯奇，这是一对令人称羡的父贤子孝的典型，但在吉甫娶了后妻后，一切都改变了。吉甫在后妻的挑唆下，竟将伯奇流放了。所以孔子的弟子曾参和汉代人王骏两个人在死了妻子后，终身都没有再娶，就是怕重蹈吉甫的覆辙。颜之推用了如此大的篇幅来写再娶的危害，就是为了告诫子孙对待再娶要慎之又慎。

说完嫁娶，我们再来看一看丧葬礼仪和守丧习惯。

首先是南北方吊唁风俗的不同。颜之推认为："江南凡遭重丧，若相知者，同在城邑，三日不吊则绝之；除丧，虽相遇则避之，怨其不己悯也。有故及道遥者，致书可也；无书亦如之。北俗则不尔。江南凡吊者，主人之外，不识者不执手；识轻服而不识主人，则不于会所而吊，他日修名诣其家。"也就是说，在江南，如果是住在同一个城市的非常要好的朋友，得知丧事后，三天之内不去吊唁，丧家就会毫不犹豫地和他绝交。理由是，在自己最痛苦的时候毫无同情怜悯之心。所以在服丧期满后，即使在路上遇见，也不再理他，就是这么坚决。当然，如果是路途遥远或者是有什么可以当作理由的原因，通过书信的方式慰问一下，也是允许的，可要是连信也不写，那就坚决绝交。按照江南的习俗，前来吊唁的人，除了丧主之外，不和不认识的人握手；而如果不认识丧主而认识丧家的远亲，就可以不必到现场吊丧，改日写一张名帖送到丧家表示哀悼即可。而这些事如果到北方就没这么复杂了，愿意来也行，不来也没关系，不作硬性规定。

其次，南北方在吊唁禁忌上也不同。"南人冬至岁首，不诣丧家；若不修书，则过节束带以申慰。北人至岁之日，重行吊礼"。南方人从冬至到元旦这段时间，都不到有丧事的人家去吊唁，如果一定要表示，只能写信，一定要等到过了这段时间再去人家慰问。而北方恰恰相反，冬至、元旦这两个节日，正是他们大行吊唁之礼的时候。

再说居丧之人的哭法，《礼记·间传》记载："斩缞礼的哭泣，声音如同去而不返；齐缞礼的哭泣，声音如同去而又返；大功礼的哭泣，一声三折，还要带着余音；小功、缌麻的哭泣，只要有悲哀的表情就可以了。"古人的葬礼可比现代人要复杂得多，服丧也是有等级的，就是人们熟知的"五服"。斩缞是五服中最重的一种，这种丧服是用粗生麻布制成，不缝边，胸前还要披着麻布条，这就是所谓的披麻戴孝。这一等级的丧事服丧期为三年。仅次于斩缞的是齐缞，服丧期为一年，丧服是用熟麻布做的，而且下边也是要缝上的。再往下是大功，服丧期为九个月，丧服也是用熟麻布做的，但比齐缞的那种布要再细一些，比小功还要粗一些。接下来是小功，服丧期为五个月，丧服是比大功细一些的熟麻布。五服中最轻的一种是缌麻，服丧期为三个月，丧服是用细麻布做的。五服的轻重是按照去世的人与居丧的人的关系来确定的。斩缞这样的重丧必然是父母之丧，而缌麻也就是边缘亲属了。这样说来，在古代只要一看丧服的规格，再听听哭声，就能判断是什么人过世了。不过，具体到南北方，也还是有区别的，特别是哭的方法，各具特色。"江南丧哭，时有哀诉之言耳；山东重丧，则唯呼苍天，期功以下，则唯呼痛深，便是号而不哭。"南方人是一边哭，一边还要诉说着、念叨着；北方人，尤其是河北一带，在遇重丧时，就要哭得呼天抢地，也就是要大呼苍天，如果不是重丧，那么就只呼喊自己内心的悲痛了。总之，南方人的哭偏于柔美，北方人的哭更重豪放。

除此之外，在迎宾送客礼仪方面，南北方也呈现出不同的风貌。北方继承了中国传统的待客习俗，而南方则是率性而为。南北的区别是："南人宾至不迎，相见捧手而不揖，送客下席而已；北人迎送并至门，相见则揖，皆古之道也。"在北方，如果有客人造访，主人必定要热情地出门迎接，见面后要行作揖礼，客人告辞时，主人也同样要把客人送至门外，以表示对客人的尊重和欢迎。而南方则不同，客人来了，主人不必出迎，客人走，主人只要站起来送送就行了，完全不必出门，而且见到客人后，往往也不作揖，而是拱拱手意思意思就可以了。颜之推比较倾向于北方的礼仪传统。如果说北方的礼节以周到著称，那么南方则以简单见长。不过，待客是这样，要是说起送别，二者则又相反了。颜之推认为"别易会难，古人所重"，即离别容易再会难。南北在送别上的差异是"江南饯送，下泣言离……北间风俗，不屑此事，歧路言离，欢笑分首"。先说南方，如果为亲人或朋友饯行，则会泪如泉涌，痛诉离别之情；而北方人践行，却不屑于凄凄切切的离情别意，而是说说笑笑绝尘而去。

南北方不同的文化背景造就了不同的风俗习惯，颜之推在《家训》中写下这些，意在教育子孙后代应如何去做人、做事，但在客观上却为后人留下了一幅南北朝时期生动的风俗画卷。

二、起名的禁忌

《家训》中家庭伦理教育占了很大的比重，其中有不少关于家庭习俗的记录。如前述不同的南北风俗中，已经涉及一些家庭习俗，比如后娶、丧葬、迎宾、送别等，除此之外，南北朝时的家庭习俗还有许多，其中，如何给孩子起名字就是一个重要问题。

孩子一降生，做父母的要给孩子起个名字。说起来，名字就是个代号，然而在中国，从古至今，起名字可并不简单，这里面也有学问。传统起名字的方式有很多，如伯夷、叔齐就是根据伯、仲、叔、季的排行起名，但更多的名字则蕴涵了人们对于美好事物的追求，如唐人崔义直所生六子之名为知悌、知久、知俭、知让、知温、知逊。这实际上是儒家"孝悌""温良恭俭让"的行为准则在家族成员身上的直接体现，而将这种思想通过姓名加以实施，足见崔氏家族对儒家传统伦理思想的重视程度。新中国成立后，起名字就没那么多讲究了，但那时的名字又染上了时代的特色，什么军啊，红啊，建国啊，卫国啊，一听名字，就知道是二十世纪五六十年代出生的。进入 21世纪，起名字又成了一件重中之重的事情。于是街头巷尾出现了以名字测运气的机器，网上出现了专门为人起名字的网站。有的人起名字要去算生辰八字，有的人起名字要数笔画，有的人不愿自己的孩子和别人重名，就起四个字的名字或者怪得出奇的名字，当然由此还引发了一股改名的热潮，如果给过去的朋友打电话，也不知道叫他新名，还是叫旧名，实在是很尴尬。

其实起名禁忌和改名热潮自古就有，只不过在形式和动机上和今天不同罢了。

颜之推在《家训》中特别提到了起名字时应该忌讳的一些字，周公的儿子叫"禽"，孔子的儿子叫"鲤"，颜之推认为这两个名字虽然都是动物，从文字上看确实不雅，但只限于儿子本身，父母喜欢这样叫，倒也无可厚非。以前农村人就喜欢给孩子起什么狗剩之类的，认为越是有这样的名字，孩子越好养活，长得越壮。不过像司马相如的小名叫"犬子"、晋王修的小名叫"狗子"，颜之推认为这样就很不妥当了，在他看来这就等于在说自己的父亲是"狗"。其实，从古至今给孩子起这样的小名的还真不少，而且"犬子"一词后来还作为在别人面前称呼自己儿子时的一种很谦虚的说法。再有，北方人常给儿子起名为"驴驹""豚子"的，颜之推觉得兄弟间互相叫这样的名字，情何以堪呢？另外，还有一些名字，颜之推认为，一定要避开。比如郑翁归、孔翁归、顾翁宠、许思妣、孟少孤等等，这其中的"翁"啊，"妣"啊，"孤"啊，最好都不要用。

南北朝时期是一个避讳非常严格的时期，所以起名字就更困难了，那时候，凡是父亲和祖父的名字以至于上至祖先、皇帝的名字都是要避讳的。避讳的方法不外乎两种：一是找另外一个与之同义不同音的字来替代这个字，二是尽量不提需要避讳的字。

一般来说，替代的方法是最常见的。比如齐桓公名小白，那么凡是有"白"字的地方都要用别的字替代。那时有一种赌博游戏，是用五块木头做赌具，被称作"五木"，又因为这五块木头都被涂成了白色，所以又有"五白"之称，但这个"白"字是要避讳的，所以"五白"便被改为了"五皓"，因为皓与白是同义的。西汉淮南王的名字叫刘长，于是琴的长短便被称为了"修短"。梁武帝的小名叫阿练，于是，他的子孙凡遇到"练"字都改为"绢"。颜之推认为这种同义替代是允许的，但如果只要遇到这个音一律替代，就把许多词的原义改变了。像"长"字，把"长短"替代成"修短"可以，那要把"胃肠"换成"胃修"不就成笑话了吗？可是还真有这样的人，避讳"云"的把"纷纭"叫作"纷烟"，避讳"桐"的就更麻烦了，"梧桐树"到他那里就成了"白铁树"，实在是不可思议。

再说第二种方法，就是坚决不用要避讳的字。比如有一个读书人，避讳"审"字，可巧他交了个朋友姓沈，于是这位沈先生给他写信落款时，就只署名不写姓。颜之推认为这种做法太不近人情了。可话说回来，这是两人关系近，知道彼此的避讳，但要遇上交情比较疏远的人，不知道该避讳什么，那可就更尴尬了。比如某人已过世的父亲的名字叫"友"，可有些刚跟他接触的人不知道，交谈中提到了"朋友"二字，这可是犯了忌讳，这个当儿子的猛然听到父亲的名字，必然会痛苦不堪，而说话的人也会不知所措。在颜之推的亲友中，有讳"襄"、讳"友"、讳"同"、讳"清"、讳"和"、讳"禹"的，这些字实在是太常用了，难免就会被人顺口说了出来。所以，颜之推对于给儿子起名字的方式，提出了一个鲜明的观点：不要用常用字，这样才能给子孙留有余地。可见那时候起名字有多难啊！没办法，谁让禁忌那么多呢，据说唐代诗人李贺，就是因为父亲名晋，造成了他一生不能考取进士的悲剧。看来，颜之推关于起名对子孙的告诫是非常必要的。

古代人一般除了名，还有字，像孔子就是姓孔名丘，字仲尼。一般来说，人死之后，要避讳名，但不避讳字。据颜之推观察，在他生活的时代，江南人也是只避讳名，不避讳字。但河北的士大夫们，却是连名带字全避讳，看来南北两地的避讳风俗也存在着差异。

古代也有改名的情况，但动机往往与现代人不同。现代人改名或是因为原先的名字不好听，或是觉得原先的名字不吉利，而古代人则更多是因为仰慕先贤而改名。比如西汉文学家司马相如，原先叫司马长卿，因为仰慕战国人蔺相如，才改成了这个名字。三国人顾元叹仰慕后汉人蔡邕，则把自己的名字改成了顾雍。颜之推认为这种改名方法是无可厚非的，但有的人索性把前人连名带姓都当作了自己的名字，这就是对前人的不尊重了。比如东汉有朱伥（字孙卿）、许暹（字颜回），梁代还有人叫庾晏婴、祖孙登，在颜之推看来，这样改名实在是很庸俗的事。

从古至今，起名字一直不是个随随便便的事情，一个小小的名字闹过笑话，有过悲剧。时代在变迁，名字的故事却还在上演。

三、称谓的演变

中国是一个很讲究语言艺术的国度，同样的一个意思往往会有多种不同的说法，比如和别人交谈，称呼自己或对方的父母、兄弟姐妹等，不同的时代、地域，就各有各的说法。

根据颜之推的记述，在南北朝以前，称呼自己的父亲，为"家公"或"家父"，母亲为"家母"，祖父为"家祖"，此外还有"家姑""家妹""家孙"等。也就是统统在称谓前加上一个"家"字，而且这种说法，在当今仍有人在使用。然而，在颜之推生活的年代，如果这样称呼就会被认为是乡下的俗人而被讥笑。那么，为什么南北朝时不用"家"字呢？比如说和别人提起自己的伯父，因为伯父比自己的父亲岁数大，所以不能称"家"，否则就是不尊重。再如称呼自己的姑表姐妹，如果她们已经出嫁了，就要用她丈夫的姓来称呼，因为出嫁的女子已经是夫家的人了，当然不能称"家"了；而没有出嫁的，只需要按长幼顺序来称呼就行了。至于子孙，就更不能称"家"了，因为子孙是晚辈，是要表示轻略的。所以，南北朝时的风俗是一律不加"家"字。

　　和别人交谈时，如果需称呼对方的祖父母、父母等亲属，又该如何称呼呢？在南北朝以前，称呼别人的父母和自己的父母是一样的，但到了南北朝就有了区别，称呼对方的祖父母、伯父母、父母以及长姑，在称谓前要加一个"尊"字，称呼叔父母以下的人，则要加一个"贤"字。可见，那时长幼尊卑的界限是十分明显的。

　　那么，对于已过世的先人的称呼是否也有严格的规定呢？答案是肯定的，而且比在世的人称谓还要复杂。因此，颜之推认为："言及先人，理当感慕，古者之所易，今人之所难。"这里也存在一个南北差异的问题。"江南人事不获已，须言阀阅，必以文翰，罕有面论者。北人无何便尔话说，及相访问"，也就是说，江南人一般不喜欢谈论家世，两个人见面时，极少对对方的家庭情况问长问短，如果因为某种原因必须要谈论家世，一般就会采用书信的形式。而北方人就不同了，北方人喜欢聊天，不管有事没事都喜欢面谈，可以说北方人比较善于用语言沟通。颜之推认为先人是不应该被随随便便地被提及的，但如果一定要说，该怎样称呼呢？当时，如果祖父、父亲已经过世，提到时就要称"大门中"；提到过世的伯父、叔父，就要称"从兄弟门中"；提到过世的兄弟，就称兄弟的儿子"某某门中"。但也有这样的情况，就是称已故的兄、弟为兄子"某某门中"或弟子"某某门中"，颜之推认为这样称呼就不甚妥当了。而且，他还提出在称呼的同时，还要流露出适当的表情。所谓适当的表情，就是说要根据你所提及的人的身份、地位的贵贱来确定自己的神情，这个分寸一定要把握好，比如说到"大门中"时，就必须要马上端正坐姿，脸上要显露出非常严肃的神情。

以上说的都是江南的风俗，而北方就不是这样称呼的。颜之推在北齐的都城邺城（今河北临漳县西南）时，有一天，一个叫羊肃的人来拜见他。羊肃的父亲有个弟弟叫羊侃，是泰山郡（今山东泰安县）人，梁朝初年去了南方。羊肃此来就是来打听他叔叔羊侃当年在梁朝的一些事情。于是，颜之推便说："您的从门中在梁朝的情况……"刚说到这里，羊肃就打断了颜之推的话，要知道他可是北方人啊，根本不了解江南的风俗，忙解释说："他是我的亲第七亡叔，不是堂叔。"照他的理解，从门中提的是旁系亲属。当时，恰巧祖珽在座，好在他了解江南的风俗，对羊肃说："他说的就是从第门中的意思，您怎么不明白呢？"这可以说是由于南北称谓风俗不同造成的误会。

伯父、叔父是我们很熟悉的称谓，在南北朝时一般只称伯、叔。如果兄弟的儿子丧父，与人交谈时，称其为兄之子或弟之子，颜之推认为这样做实在于心不忍，你当着人家儿子的面提及已过世的父亲，当儿子的会很伤心的。所以颜之推更赞同北方人的称呼方法，即称为"侄"。"侄"这个称呼男女通用，但最先只相对于姑姑而言，晋代以后，才有了叔侄的称呼。"侄"的称呼一直沿用至今。

对父母亲戚中长辈的称呼曾有一度无论男女统称为"丈人"，但颜之推认为这样称呼是错误的，哪有把妇女称为丈人的？在他的亲戚中，如果是父亲的姐妹，就称为某姑姑，这个某指的是她的姓；如果是母亲的姐妹，就称她为某姨姨。如果是长辈的妻子，老百姓就通称为丈母，士大夫就更讲究一些，在"母"字的前面加上姓，比如王母、谢母等。

父亲的父母被称为祖父、祖母，而母亲的父母则还要加上个"外"字，有的人祖父母去世了，于是便索性称呼外祖父母为祖父母，颜之推认为这是没有教养的表现。在他看来这个"外"字是万万去不得的。中国自古以来，母系和父系的地位就是不平等的，颜之推更是父权的坚决维护者，而这种区分一直沿袭到了今天。直至今日，这个"外"字也没有消失。

最后来说一说如何自称。古代帝王、诸侯往往自称"孤""寡""不縠"。不过，孔子在和弟子谈话时则是直呼自己的名字。后来有些人也自称"臣""仆"。这应该属于一种谦称。江南地区的人对于自称是很重视的，在《书仪》中便记载了不同地位的人的专称。而北方人很随意，大多用名字相称，颜之推认为这是从古代流传下来的风俗，他很喜欢这种用名字称呼的做法。

颜之推非常重视称谓，他认为称谓是不可随意乱用的。比如北齐的士大夫们称祖珽为"祖公"，他就认为不妥。因为"祖公"是对自己祖父的称呼，如此不知忌讳，是会被人取笑的。所以他用了很大的篇幅详细地讲解各种称谓的用法，可谓用心良苦。

四、女主内和男主外

《列子·天瑞》曰："男女之别，男尊女卑，故以男为贵。"在中国传统社会，男尊女卑是儒家纲常礼教的重要观念。东汉班昭曾撰《女诫》，系统阐释了男尊女卑及三从四德的内容和意义，由此男尊女卑观念开始进入到社会的各个领域。由于古代的妇女没有地位，因此，古代记录普通妇女生活的书便极为稀少，颜之推在《家训》中对古代妇女的命运、地位及活动情况都有所涉及，为后人研究古代妇女生活状况提供了十分珍贵的资料。

在《韩非子·六反》中记录了先秦时的一个恶习："产男则相贺，产女则杀之。"这一恶习深刻地说明了女人的悲惨命运。在颜之推生活的时代，这种悲剧依然在上演。颜之推有一个远亲，家中有很多姬妾。当姬妾们临近生产时，这位远亲就派僮仆去监视。等到姬妾们要分娩的时候，僮仆就悄悄地躲在屋外，从窗口窥视。如果生下来的是男孩则举家相庆，要是女孩就没那么幸运了。僮仆会立即把女婴抱走，留下的只有母亲声嘶力竭的哭喊。全家上下目睹这般惨象，却没有一个人去救下那个可怜的女婴。颜之推感到这种做法实在太残忍了，"然天生蒸民，先人传体，其如之何？世人多不举女，贼行骨肉，岂当如此，而望福于天乎？"尽管他的思想中也存有重男轻女的倾向，但是他认为无论男孩还是女孩，都是父母的骨肉，怎么能够随意地把她们杀害呢？然而那就是当时的社会现实，尽管有些人不至于残害女儿，但同样认为生女儿是个累赘。那位辅助周武王灭商建周的姜太公就曾说："女儿养得太多，简直就是浪费。"东汉人陈蕃说得就更透彻了："就连盗贼也不去偷有五个女儿的人家。"也就是说，谁养的女儿多，谁就要一辈子受穷。女人的命运就是在这样一种观念下被决定的。而颜之推能够在那样的时代为女婴的命运振臂一呼，便显得尤为难能可贵，彰显出耀眼的人性主义光芒。

然而，颜之推毕竟出身于士族家庭，受的是传统的儒家教育，男尊女卑的观念早已根深蒂固。因此，他提出了一个十分鲜明的观点："妇主中馈，惟事酒食衣服之礼耳，国不可使预政，家不可使干蛊；如有聪明才智，识达古今，正当辅佐君子，助其不足，必无牝鸡晨鸣，以致祸也。"妇女主持家务，应该只负责家中的饮食、衣服等方面的事情。这就如同一个国家不能让妇人干预政事，那么一个家庭也不能让妇女来掌管家中的政事。这就是所谓的"女主内，男主外"，一句话，决策权始终要掌握在男人手中。如果有些女人的确是知书达理，聪明能干，那么她们所能做的也应该是辅助丈夫，弥补丈夫的不足，当个贤内助，但要想篡权是不可以的。在这里，颜之推为了明确地表达他的观点，还用了一个很形象的比喻。他用母鸡早晨打鸣来比喻妇女掌权，并且进一步说明，这样必然会招来灾祸，这实在是对女权的践踏。

颜之推还对各地妇女的生活情况做了简要的描述："江东妇女，略无交游，其婚姻之家，或十数年间，未相识者，惟以信命赠遗，致殷勤焉。"也就是说，江东的妇女，一般很少与人交往，即使是亲家之间，也极少见面，甚至有十几年不见面的情况。不过，这并不代表双方断绝音信，而只是不见面而已。一般她们会派人送一封书信，或互赠一些小礼物来表达问候之情。但在北方就不同了，如在北齐的都城邺城，"邺下风俗，专以妇持门户，争讼曲直，造请逢迎，车乘填街衢，绮罗盈府寺，代子求官，为夫诉屈。此乃恒、代之遗风乎？"邺下的风俗就是由妇女掌管家政，家中的大事小情、里里外外都由妇女操持。她们会为儿子求官，会为丈夫申冤，于是她们逢迎长官，请客送礼，奔走于公堂，穿梭于官邸，街道上随处皆可看到妇女们乘坐的车马。颜之推认为这种风俗显然是北魏鲜卑的遗风。同时，由于妇女们要进行这些交际应酬，自然在穿着打扮上要非常讲究，什么绫罗绸缎、金银珠宝，都是必不可少的。不过河北地区的妇女可不只是会交际应酬，如果论起纺棉织布、织绣花锦的手艺，那也是行家里手，比江东妇女要强很多。河北的妇女称得上是里里外外一把手，正因为这种妇女掌家的风俗，使得北方的妇女地位大大提高，当然这种风俗打破了颜之推所推崇的夫唱妇随的夫妻模式。南方的妇女与北方不同，由于她们不能掌管家事，只能听命于丈夫的安排。而南方又十分讲究排场，注重外表的装饰，即使是家里很穷，在与人交往时，车子和衣服也一定不能寒酸，那么留守在家中的妻子、儿女为了支持这份外表的华贵，就只有挨饿受冻了。颜之推既不赞成北方妇女掌家的夫妻模式，也不提倡南方注重外表奢华的做法。

颜之推在《家训》中记录了邺城妇女的活动状况，旨在表明自己反对妇女掌家的态度，但在客观上却为后来的研究者提供了一份弥足珍贵的资料，王利器先生便根据这段记载，与晋人葛洪的《抱朴子外篇》中的一段相印证，得出在宋明理学没有兴起之前，中国妇女和男子的社会活动是一样的的结论。

有这样一句谚语："落索阿姑餐。"意思是说，做女儿的最终都会落得个吃饭冷落、没人搭理的局面，而颜之推认为这种局面是她应有的报应。为什么这么说呢？因为做母亲的一般都宠爱女婿而虐待儿媳。由于宠爱女婿，自然会激起儿子的不满，而虐待儿媳，不仅儿子不满，女儿也可能会乘机说些坏话。这样一来，女儿无论是出嫁还是没出嫁，都会得罪人，而这一切都是做母亲的造成的。看来，女人的问题还是女人自己造成的。女人做媳妇时受婆婆的虐待，而一旦多年的媳妇熬成婆，又反过来虐待自己的儿媳妇，就这样一代一代，周而复始，女人虐待女人。时至今日，虽然没有了虐待，但婆媳之间的矛盾却始终存在。

颜之推在《家训》中对妇女的论述，意在告诫子孙引以为鉴，其中既有他对妇女的客观评价，也表现出他轻视妇女的思想倾向，而这些对后人来说同样都是难得的研究资料。

第8章

经世致用的治学观

一、积财千万，不如薄技在身

在社会高度发展的今天，竞争日益激烈，只有不断地学习才能适应社会变革，才能有一席生存之地，因而人们纷纷加大对教育的投入，各种培训班便应运而生。有的孩子从一两岁就开始进行早教训练，到了四五岁就开始学舞蹈、学绘画、学围棋、学珠心算，等等，无论是顶着炎炎烈日，还是冒着凛冽寒风，众多的家长们不辞辛苦地带着孩子奔波于各个上课地点。我们姑且不去评论这种做法对孩子成长的利弊，但作为家长却都有一个共同的心愿，就是希望孩子能够以一技之长，在未来的生活中立于不败之地。大多数的家长估计没有读过《颜氏家训》，但他们的想法却和一千多年前的颜之推如出一辙。颜之推最推崇的一句谚语就是："积财千万，不如薄伎在身。"意思是说，积蓄财产，不如学点儿技术。

颜之推所处的正是社会动荡、战乱频仍、朝代更替十分频繁的年代。在历经数次荣辱后，他认为，每个人都要有自己的事业，都要有一技之长。在他看来，"伎之易习而可贵者，无过读书也"。在各种技艺中，最容易学会而又最值得推崇的，就属读书了。所以，颜之推所说的"薄伎在身"主要指的是领悟六经要旨，熟读百家著作。他以亲身经历告诫子孙："父兄不可常依，乡国不可常保，一旦流离，无人庇荫，当自求诸身耳。"父兄长辈难以长期依赖，家乡地方难以常保平安，只有把学习当作一技，才能在无以依赖的任何时候，庇护自身。为此，颜之推为我们描绘了一幅梁朝全盛时期官家子弟由盛及衰的生动画卷。那时候的贵族子弟多数没有学问，他们只知追求物质上的享乐，一个个香草熏衣，修鬓剃面，涂脂抹粉。足蹬高跟齿屐，手持玩赏器物。无论是出门乘的车，还是家中的摆设，都是豪华艳丽。这些贵族子弟整日过着神仙般的生活。到了朝廷选拔的时候，他们也自有妙招，花钱找个人做枪手，同时依靠家族的强大势力，官职就到手了。遇上大臣们的聚会，他们也有辙，随便拿来别人的诗摇头晃脑地吟诵一番，倒也很有名士的风度。然而，世事难料，动乱突起，改朝换代，只落得黄粱一梦。此时，大树已倒，无所依靠，唯一能靠的就只有自己。遗憾的是，这时他们才发现自己身无一技，成了绝对的蠢材。至此悔恨已晚，要么任人宰割，要么悲惨地死去。反倒不如那些读过《论语》和《孝经》的平民百姓，他们或可成为他人的老师，靠知识赢得尊重和平安。

　　颜之推深知，榜样的力量是无穷的。于是，他以皇帝、名人为例，鼓励子孙们要勤奋好学。梁元帝是颜之推十分推崇的一位皇帝。元帝在会稽（今浙江绍兴）时，年仅十二岁的他就非常喜欢学习。那时，元帝正患疥疮，手不能握拳，膝不能弯曲，但他却仍以读书为乐。他在小屋中挂上帷帐，眼前放壶甜酒，不时喝上几口，以减轻疼痛。那时他一天就要读十二卷史书，一旦遇到不认识的字或者不懂的句子，可就麻烦了，他身边又没有老师可请教，于是只能自己反复研读、反复理解，虽说十分辛苦，却也乐此不疲。元帝作为帝王之子，在本该尽情玩耍的孩童时代就能如此勤学，而那些出身普通却又希望通过学习而踏上仕途的人，岂不更要发奋用功了！讲完了皇帝的故事，颜之推又把从古至今的勤学名人请了出来。在这些名人榜样中，有以锥刺腿防止瞌睡的苏秦，有投斧求学的文党，有靠雪地反光来苦读的孙康，有收聚萤火虫照明的车武子，有边耕种边读经书的倪宽，还有边放羊边练字的路温舒。梁代彭城（今江苏徐州）的刘绮家境贫寒，常以荻草点燃夜读，工夫不负有心人，最终凭借自己的才华踏上了仕途，官至金紫光禄大夫。另一位家境贫寒的朱詹，他的经历是常人所难以想象的。在他无钱生火煮饭时，竟以吞食废纸充饥。天寒地冻，他身上无衣，只得抱着狗来取暖。结果饥肠辘辘的狗也弃他而去，自己觅食去了。在如此恶劣的条件下，他仍不荒废学业，终为元帝所赏识。还有一位以精通《汉书》出名的臧逢世，在他二十多岁时，迷上了班固的《汉书》，于是他便借了一本来读。但转念一想，借来的书终究无法长久研读，于是他找来名片、书札的边幅纸头，竟然一字一句地手抄了一本《汉书》。这志气、这毅力怎能让人不佩服？颜之推不厌其烦地举了许多实例来教育子孙后代，认为勤学是入仕之道，知识是安身立命之本。

当然，也有人对颜之推的"勤学"论提出质疑："有些人学通古今、文武全才，却没有职位俸禄，只落得妻儿饥寒交迫，这样看来，学习又有什么可贵的呢？"颜之推对这一问题做了很好的解释："夫命之穷达，犹金玉木石也；修以学艺，犹磨莹雕刻也。金玉之磨莹，自美其矿璞，木石之段块，自丑其雕刻；安可言木石之雕刻，乃胜金玉之矿璞哉？不得以有学之贫贱，比于无学之富贵也。且负甲为兵，咋笔为吏，身死名灭者如牛毛，角立杰出者如芝草；握素披黄，吟道咏德，苦辛无益者如日蚀，逸乐名利者如秋荼，岂得同年而语矣。且又闻之：生而知之者上，学而知之者次。所以学者，欲其多知明达耳。必有天才，拔群出类，为将则暗与孙武、吴起同术，执政则悬得管仲、子产之教，虽未读书，吾亦谓之学矣。今子即不能然，不师古之踪迹，犹蒙被而卧耳。"他认为知识自有其自身的作用，掌握知识者也有其自身的价值，真正苦学攻读，颂扬传播道德的人，辛苦而得不到好处的人毕竟是少数，而那些追名逐利的人却多如牛毛，这二者是不能相提并论的。况且极少有人一生下来就是天才，因此，只有不断学习，才能明白事理，这就是学习的重要性。颜之推的这番话似乎正对当今社会上流行的"知识越多越不值钱，学位越高越贬值"的疑问，做出了明确的解答。

　　颜之推是这样说的，也的确是这样做的。颜之推的博学是人所公认的，他正是凭借着自己遍览群书、博学强记，才得以在乱世中生存，历经坎坷，却始终立于不败之地。颜之推对子女的教育一直遵循着"读书为上"的原则。在邺城被攻陷之后，颜之推一家被逼迁到了长安。面对窘迫的生活，他的儿子思鲁对他说："现在我们既没有朝廷的俸禄，也没有积蓄的财产，我们应当尽全力劳作，来养家糊口，但您经常督促我们学习，让我们勤习经史，可是您知道吗，我们做儿子的，不能供养双亲，心里非常不安。"颜之推听罢，语重心长地说道："做儿子的把供养双亲的责任放在心上是对的，但做父亲的更应该用学到的知识来教育子女。如果我的丰衣足食是用让你们放弃学业换来的，那我真是食不知味，衣不觉暖；只要你们能够努力读书，继承祖上的基业，即使是粗茶淡饭、粗布短衣，我也是心甘情愿的。""可怜天下父母心",我们今天的父母又何尝不是沿着颜之推的路阔步前进?他们宁可自己省吃俭用,奔波劳苦,也要让孩子拥有一技之长。

古往今来,知识分子对学习的重视始终如一。从屈原的"路曼曼其修远兮,吾将上下而求索"到欧阳修的"立身以立学为先,立学以读书为本",直到李苦禅的"鸟欲高飞先振翅,人求上进先读书",对知识的求索已成为中国知识分子永恒的主题。

二、开心明目,利于行

读书的目的是什么,从古至今,这个问题的答案有许多种。今人对读书的目的进行了更为细致地总结,包括:寻求知识、学习技能、满足好奇心、改变思维方式、寻求生命的意义和人生的价值,以及出于情感的需要而读书,等等。当然,读书仍然没有抛开其功利性,比如读书具有提升个人素质和社会地位的作用,这一点是不容置疑的。颜之推对读书的目的有着自己独特的概括,他认为:"夫所以读书学问,本欲开心明目,利于行耳。"意思是说,读书的目的在于开启心智,明辨事理,从而改进自己的行为。

颜之推认为:"未知养亲者,欲其观古人之先意承颜,怡声下气,不惮劬劳,以致甘腝,惕然惭惧,起而行之也;未知事君者,欲其观古人之守职无侵,见危授命,不忘诚谏,以利社稷,恻然自念,思欲效之也;素骄奢者,欲其观古人之恭俭节用,卑以自牧,礼为教本,敬者身基,瞿然自失,敛容抑志也;素鄙吝者,欲其观古人之贵义轻财,少私寡欲,忌盈恶满，赒穷恤匮，赧然悔耻，积而能散也；素暴悍者，欲其观古人之小心黜己，齿弊舌存，含垢藏疾，尊贤容众，茶然沮丧，若不胜衣也；素怯懦者，欲其观古人之达生委命，强毅正直，立言必信，求福不回，勃然奋厉，不可恐慑也；历兹以往，百行皆然。纵不能淳，去泰去甚。"意思是说，那些不知奉养双亲的人，读书后便了解了古人的孝行，他们知道了古人如何不辞劳苦地侍奉父母，迎合父母的心意，把美味的食物给父母食用，从而反省自身，那些不孝顺的人便会痛改前非，自觉地孝顺父母了；那些不懂得侍奉君主的人，读书后知道古人如何尽忠职守，如何见危舍身，直言进谏，便会反思自己，从而效法古人；那些一向骄狂奢侈的人，读书后看到古人的节俭、谦卑，便会惊觉自己的行为有失，从而抑制骄奢的心态；那些素来吝啬自私的人，读书后，以古人的重义轻财、无私无贪相对照，便会去掉贪念，从而广积钱财，周济他人；那些暴戾骄傲的人，读书后，面对古人的小心谨慎、说话有度、宽仁大方，便会气焰全消，从而变得谦恭礼让；而那些胆小懦弱的人，读书后，则在古人刚毅正直、言行有信的感召下，从此发愤图强，不再胆怯。倘若能够以此类推，那么读书虽不能使社会风气完全淳正，至少也可以去掉一些极端不良的行为。

然而，我们不难看出，颜之推的想法更多的是一种美好的愿望，连他自己也不得不承认，有多少读书人是言行不一的。许多人书读了不少，却只会吟诗作赋，谈欢作乐，夸夸其谈，而不能亲身去做，既不忠孝，也缺仁义，就连最基本的生活常识也不一定懂得。如果让他去审案，他未必能够查明真相；如果让他去当县官，他未必能够造福百姓；如果问他如何盖一间房子，他未必知道楣应横放而棁要竖放；如果问他怎样种地，他未必知道稷应早种，黍要晚种。这样的读书人不仅会被人耻笑，而且于国于民毫无益处。有的人只读了数十卷书，就自高自大起来，蔑视长者，轻视同辈，引得众人唾弃。这样的人，读书虽多，却没能用它来增长才智，而是损害自身，与其如此，不如不要读书了。因而，颜之推虽然反复强调读书的重要性，强调读书是安身立命之本，但他更重视知行合一，反对那种只会去说，不能去做的读书人。他把学习比作种树："夫学者犹种树也，春玩其华，秋登其实；讲论文章，春华也，修身利行，秋实也。"学的过程就如同欣赏春天开放的美丽的花朵，而运用所学的知识来修身养性，纠正自己的言行，便如同收获秋天的累累果实。他用春华秋实来阐明言与行、知与行、学与用的统一。

为此，颜之推把古人和今人做对比，对读书的目的做了更深层次的剖析。《论语·宪问》中说："古之学者为己，今之学者为人。"颜之推在后面又补充了两句话："古之学者为人，今之学者为己。"表面看上去，这两句话是前后矛盾的，但颜之推在"己"和"人"的概念上做了极为精辟的解释。他认为古代的学者为己学习，是为了弥补自身的不足之处，而现在的读书人为己学习，则是为了谋求官职地位，为了顺利地向上爬；古代的学者为人，是为了能够用自己所学的知识服务于社会，造福于社会，而现在的读书人为人，则是希望自己能说会道，以取悦他人，或向别人炫耀。颜之推所说的今人指的是他所处的那个时代的人，然而，时过境迁，一千多年后，当我们重读这段话时，仍感触颇深。他当年所批评的今之学者为己为人的读书目的，到今日仍然一如既往，并无改观。事实上，读书的功利性是一贯存在的，人们熟知的宋真宗赵恒的那两句经典名言："书中自有黄金屋，书中自有颜如玉。"概括了许多读书人读书的目的和追求。后来这两句话也成为人们鼓励他人或子女读书的名言。今天,如果你问一个小学生上学读书的目的是什么,他会告诉你是为了不辜负老师和父母的期望,报答父母的爱;如果你问一个大学生上学读书的目的是什么,他会告诉你是为了找到一个好工作,赚更多的钱,有较高的社会地位,过更好的生活。真正是为弥补自身不足、为造福社会而学习的人恐怕是凤毛麟角了。可见,颜之推对读书学习目的的批评是何等尖锐、何等必须,又是何等无力。千年过去,人们仍未悟出读书的目的在于"开心明目,利于行",倘若评选最具社会前瞻性的学者,颜之推则当之无愧。

三、博览机要

目的决定了读书的方式,决定了对书籍的选择,也决定了学习过程中的思维方式。颜之推认为读书的目的是明白事理,增长见识,有助于改进自己的行为,由此,他对学习态度与方法提出了自己独到的见解。

第一,颜之推提出了读书要精读与博览并重的观点。他提倡"博览机要",反对"空守章句",意思是说,读书要掌握其精义和要点,抓住其精髓和大义,而不是只会背诵老师说的话,知其然,而不知其所以然。汉代的一些贤士,虽然只是靠一部经书来弘扬圣人之道,但他们却把这部经书给读懂、读透了,因此,他们既能洞察天文,又能明了世事情理。但后来的人们虽广泛涉猎各种书籍,而真正能够掌握书中精髓的却不多。邺城有句谚语:"博士买驴,书券三纸,未有驴字。"一个博士去买驴,契约写了三张纸,却还没有写到一个"驴"字。这种读书人真称得上是空话连篇的典型了。还有一类读书人常常会在一些毫无意义的事情上下功夫。比如在《孝经·开宗明义》中有"仲尼居"三字，于是，有人便对这三个字展开了深入细致的研究，竟然洋洋洒洒写了两张纸来做解释。甲方认为是孔子闲居之处，乙方则认为是孔子讲习之所，其实这个地方早已不存在了，而双方还要为此辩论不休，非要一争高下。颜之推对这种行为极为不屑，他认为书籍是用来教育人的，只要能够读熟、读懂，有助于改进自己的言谈举止，就达到了读书的目的。而像上述人那样在这种事情上浪费时间，实在是毫无益处。

时代的发展，为读书人提出了更高的要求，既要读经书、纬书以及注释儒家经典的疏义，深入理解其内涵精髓，同时还要博览群书，这样才不至于被人耻笑。《家训》中记载了这样一件事。《魏书》的作者北齐人魏收在议曹为官的时候，有一次，他以《汉书》为依据，与几位博士讨论宗庙的事。博士们一听，便讥笑说："从没有听说过能用《汉书》来论证儒家经书的。"魏收听罢大怒，什么话也没说，扔下《汉书·韦玄成传》拂袖而去。博士们一见，连夜一起来研读这本书。天刚亮，他们就集体赶来向魏收道歉说："没想到韦玄成有这样的学问啊！"这虽是一件小事，却足以说明博览群书的重要性。对于读书，有人说要"博"，有人说要"精"，《礼记·中庸》说人要"博学之"，宋代朱熹则认为"泛观博取，不若熟读精思"，而明代的胡居仁则说："学贵博，知贵精。"颜之推提倡的精与博的结合，实际上正是这一对矛盾体的对立统一，他所要求的是读书要博，研究要精。

第二，颜之推提倡治学应相互切磋，相互启发，反对闭门读书。他认为："盖须切磋相起明也。见有闭门读书，师心自是，稠人广坐，谬误差失者多矣。"《尚书·仲虺之诰》说：

"好问则裕。"意思是说，好请教的人知识丰富。《礼记·学记》上说："独学而无友，则孤陋而寡闻。"这句话更明确地指出，如果一个人单独学习，而没有和朋友在一起研讨，就会知识浅薄，见闻不广。为此，颜之推举了几个例子来说明闭门读书所带来的种种谬误。《春秋穀梁传》中有这样一段记载：公子友和莒挐搏斗时，他的手下在一旁大叫："孟劳。"所谓"孟劳"是鲁国一种宝刀的名字。颜之推在北齐时，有一次，一位叫姜仲岳的人说："'孟劳'是公子友身边的一位大力士，他姓孟名劳，为国家所看重，因此鲁国人把他当作宝贝。"颜之推闻听，便对他的观点进行了驳斥，告诉他"孟劳"是刀名，不是人名，但姜仲岳不服，二人苦苦相争，幸亏清河太守邢峙在场。邢峙是当时赫赫有名的大学者，应该算是权威人物了，他出面证实了颜之推的观点是正确的，姜仲岳这才红着脸低头认输。

还有的是对句义理解的错误。在《三辅决录》上有这样一句话："汉灵帝宫殿的门柱上题有：'堂堂乎张，京兆田郎。'"这八个字是引用《论语》上的话，用四言两句一韵的方式来评价京兆人田凤的。没想到，有一位学士竟这样来解释这句话："当时张京兆和田郎两人都是相貌堂堂的。"在颜之推为他做了正确的解释后，这个人大吃一惊，这才认识到自己理解错了。类似这样的错误比比皆是，当然也有的人是因为所读版本有误，比如一些注本把字译错了，或者把字音注错了，以致以讹传讹，笑话百出。因此，颜之推特别强调，读书要互相切磋琢磨，不可自以为是。同时，他也指出读书要选择好的版本，盗版书就不要读了，免得为其所误。

第三，颜之推大力提倡严谨的治学作风，反对以道听途说治学的现象。颜之推强调："谈说制文，援引古昔，必须眼学，勿信耳受。"无论是说话还是落笔成文,在援引古代的例证时,必须亲眼看见,亲自去查阅古籍,绝不可相信道听途说。汉人依托老子的弟子文子所作的《文子·道德》中把学习分作了上学、中学和下学三种,文中称:"上学以神听,中学以心听,下学以耳听。以耳听者学在皮肤,以心听者学在肌肉,以神听者学在骨髓。故听之不深,即知之不明。"有许多士大夫就属于"下学"者,他们读书不求甚解,只是听其皮毛,听到别人怎么说,就像鹦鹉学舌似的跟着学,以显示自己很有学问。比如说到吃就说"糊口",提到钱就称"孔方",问起迁徙就说"楚丘",谈婚论嫁就称"宴尔"等等,像这样的说法不下一二百种,士大夫们你传我,我传他,人人张口便说,但是你如果要问他们为什么有这样的说法,出处在哪里,他们就张口结舌了。所以,很多时候便会出现一些令人捧腹的失误。比如,有人把形容人骄傲狂妄的"矜诞"说成取媚于人的"夸毗",把称年长者的"高年"和称年轻人的"富有春秋"混为一谈,对年长者称"富有春秋",像这种把一对意义截然相反的词误解为同义,完全是由于治学不严谨,只凭耳听,不深入探究造成的。

颜之推对于读书治学提出的这三个观点,对当代人来说,仍有很强的借鉴意义,无论是精与博结合、相互切磋的读书方法,还是严谨踏实的治学态度,以及对书的选择方法,都值得今天的文人学者认真思索。

四、必乏天才,勿强操笔

谈到写文章,颜之推认为"学问有利钝,文章有巧拙",

从而提出了"必乏天才，勿强操笔"的响亮口号。

颜之推意识到做学问与写文章是各有规律的，二者不可混为一谈。"钝学累功，不妨精熟；拙文研思，终归蚩鄙。但成学士，自足为人。"也就是说，尽管做学问有聪明和迟钝之分，写文章也有巧妙和拙劣之别，但做学问迟钝的人，经过努力用功，仍可以达到精通熟练；而写文章笨拙的人，即使深入钻研，也难以写出灵气十足的文章。所以，人只要成为学者，就足以做人处世，而不一定要勉强自己去写文章。倘若天生就缺乏才情，那么千万不要勉强操笔乱写文章，这样的文章会贻笑大方的。

南宋严羽说："诗有别才，非关学也；诗有别趣，非关理也。"这更加进一步印证了颜之推的"天才"说。颜之推强调写文章要依靠天赋，这正是对文学本身特征的进一步的认识，他认为文学创作必须要有灵感，否则，即使苦思冥想，也难成篇。刘勰在《文心雕龙》中也对写作靠灵感的观点做了阐述："秉心养术，无务苦虑，含章司契，不必劳情。""意得则抒怀以命笔，理伏则投笔以卷怀。""率志委和，则理融而情畅；钻励过分，则神疲而气衰。"这些都说明了灵感在写作中的重要性。

颜之推认为："学为文章，先谋亲友，得其评裁，知可施行，然后出手；慎勿师心自任，取笑旁人也。"写文章应征求亲友的意见，得到他们的评点后再动手写，千万不要自以为是，而招致他人耻笑。在并州有一位士大夫，常常写一些诗赋来嘲笑戏弄他人，看过他的文章的人假意对他的诗赋夸赞有加，他竟信以为真，还宴请大家，用以提高自己的声誉。他的妻子是位颇有见识的女人，看到他的这种做法，便哭着规劝他，而他却长叹一声说："我的才华连自己的妻子都不赏识，又何况世人呢?"更可悲的是，他直到死也没有醒悟过来。一个人只有了解自己，正视自己，才算得上真正聪明。只可惜，能做到这一点太不容易了! 而实际上，附庸风雅、凭借权力或财势出文集、诗集、书法集者古往今来屡见不鲜，而其诗文书法之丑陋，非但难以彰显其才华，反而恰恰暴露其无知无才。自己不觉，而被观者耻笑。那时，江南人称这些人为"诊痴符"。

颜之推不仅强调文人的才气，更重视文人的德行。他抚今追昔，发出了"自古文人，多陷轻薄"的感叹。于是，他一口气列出了屈原、宋玉、东方朔等三十六位著名文人的瑕疵，由远及近，一一批评。他认为屈原过于显露才华，公开暴露君主的过错；宋玉容貌艳美，以致被人当作乐舞艺人；东方朔以诙谐滑稽著称，缺乏雅致；司马相如盗窃钱财，没有操守；王褒的过失在于他写了一篇侮辱民人的《僮约》；扬雄的名声败于那篇颂扬王莽新朝的《剧秦美新》；李陵投降匈奴，没有气节；刘歆在王莽朝为官时，反复无常；傅毅依附外戚权贵；班固剽窃父亲写的史书；赵壹恃才倨傲，屡次获罪；冯衍华而不实，频遭压制；马融谄媚权贵，遭人讥讽；蔡邕因同情恶人董卓而身死狱中；吴质依仗权势，行为放荡而触怒乡里；曹植因傲慢无理而触犯国法；杜笃不修小节；路粹心胸狭窄；陈琳粗率疏忽；繁钦不受约束；刘桢强硬直傲；王粲轻率急躁；孔融、祢衡狂放傲慢，引来杀身之祸；杨修、丁廙因与曹植关系密切，煽立太子，以致被杀；阮籍蔑视礼教，败坏习俗；嵇康盛气凌人；傅玄因争吵而罢官；孙楚傲慢自负；陆机违背正途；潘岳投机图利；颜延年好酒负气；谢灵运放纵散漫；王融因凶逆作乱招灾；谢朓以态度傲慢获罪。当然，颜之推对上述文人的指摘也有谬误之处，比如屈原、阮籍、嵇康等人的反抗叛逆精神，在今天看来，不仅不能称为过失，而且正是其进步性之所在。此外，他说班固"盗窃父史"也是不实之词，《汉书》确为班固所作。曹植的傲慢无理也与曹丕对他的排挤陷害不无关系。但是，总的来说，这些文人都由于各自性格的缺陷或者行为的不端而为自己带来了牢狱之灾或杀身之祸。空有盖世才华，却终不能以名节自立。不独文人，就连汉武帝刘彻、魏太祖曹操、魏文帝曹丕、魏明帝曹叡和宋孝武帝刘骏这些才华横溢的皇帝，也同样受到世人的非议，也没有赢得明君的赞誉。当然，文人中也有像子游、子夏、荀况、孟轲、枚乘、贾谊、苏武、张衡、左思等这类真正享有盛名的人，但这毕竟是少数。

　　文人的无行引发了颜之推深深的思考，究竟是什么原因造成了文人"多陷轻薄"呢？颜之推感到，这是文章的本质决定的。他说："文章之体，标举兴会，发引性灵，使人矜伐，故忽于操持，果于进取。"他提出的"兴会"论正是对其"天才"论的阐发和补充。颜之推尖锐地指出了文人的通病："今世文士，此患弥切，一事惬当，一句清巧，神厉九霄，志凌千载，自吟自赏，不觉更有傍人。加以砂砾所伤，惨于矛戟，讽刺之祸，速乎风尘，深宜防虑，以保元吉。"因为善写文章的人必然灵性十足，在写文章时，不免要抒发自己的思想感情，表现自己的兴趣喜好，于是便容易使人恃才自负，飘飘然不知所以，因而忽视了操守，只知进取，而不知适时收敛。历史上那些著名的文人如此，与颜之推同时代的文人更是有过之而无不及。一个典故用得恰当，一个句子写得奇巧，便自鸣得意，自我陶醉，而不觉世上还有旁人。再加之有些人惯用文章嘲讽他人或恶语伤人，更难免引火烧身，自取其辱。这种对孤芳自赏现象的反思，时至今日仍有很强的针对性。

五、典正不从流俗

南北朝时期，特别是在南朝，浮靡绮艳的文风十分盛行。文人写作雕章琢句，堆砌典故，斟酌声韵，在文章形式上大下功夫。刘勰在《文心雕龙·序志》中曾对此文风作了这样的描述："去圣久远，文体解散。辞人爱奇，言贵浮诡，饰羽尚画，文绣鞶帨，离本弥甚，将遂论滥。"可以说，当时的文风与世风极为相似，涂脂抹粉，华而不实。

颜之推对南朝的文风也作了一番极为贴切的评价："今世相承，趋末弃本，率多浮艳。"他指出："文章当以理致为心肾，气调为筋骨，事义为皮肤，华丽为冠冕。"意思是说，文章应该以义理情致为心肾，以气韵才调为筋骨，以引用典故为皮肤，以华丽辞藻为衣冠。所谓义理情致也就是我们今天常说的"主题"，颜之推把文章的主题思想提到了首要位置，而将辞藻华丽推到了次要位置，很显然，颜之推认为写文章关键在于内容而并非形式。同时，他强调"气调为筋骨"，体现了他对文章总体风貌的重视，认为文章应当具有生动活泼、强劲有力之气。

颜之推主张主题是根本，辞藻为末节，而当时的文风则是舍本逐末，追求轻浮华艳。"辞与理竞，辞胜而理伏；事与才争，事繁而才损。放逸者流宕而忘归，穿凿者补缀而不足。"颜之推认为："凡为文章，犹乘骐骥。"他把写文章比作骑千里马，千里马虽有俊逸之气，但仍须用嚼口和络头来加以控制，不可信马由缰，乱了轨迹，弄不好会掉进沟壑里的。写文章也是一样，无论怎样生机勃勃，灵动超凡，也要遵循一定的义理，若一味放任，漫无节制，必如脱缰之野马。如果辞藻盛而文理衰，用典多而才气少，便违背了写文章的基本原则。于是，颜之推据此提出了"典正"一词。"吾家世文章，甚为典正，不从流俗。"颜之推十分推崇其父的文章，认为他父亲的文章没有浮艳靡丽的文风，虽不被世人认可，但他还是为自己家族的这种不从流俗、典雅端正的文风而自豪。

同时，颜之推重申了梁代文学家沈约的"三易"主张，即易见事、易识字、易读诵。沈约提出，写文章应当遵从"三易"的原则，一要使人容易了解典故，二要使人容易认识文字，三要使人容易诵读。当时不少人写文章喜欢堆砌典故，好用生僻词语，并且对此沾沾自喜。而颜之推重提沈约的"三易"原则，正是对此现象的不满，他明确表示："必有盛才重誉，改革体裁者，实吾所希。"在四六骈体占据文坛统治地位的南北朝时期，颜之推公开喊出了要求改革文体的口号，确实具有高出时代的眼光和勇气。毫无疑问，颜之推改革文体的呼声，不仅在当时如黄钟大吕、金声玉振，而且对于二百年后中唐时期的古文运动，无疑有着重要的启迪作用。

然而，颜之推虽然呼唤文体改革，矫正浮艳的文风，但并没有全盘否定南朝文学在艺术技巧上的成就，他对南朝文人的写景妙句就极为赞赏。他喜欢王籍《入若耶溪》中"蝉噪林逾静，鸟鸣山更幽"那种空灵的意境；他欣赏萧悫《秋》中"芙蓉露下落，杨柳月中疏"那份空远散淡的韵致；他也赞赏梁朝"三何"何逊、何思澄、何子朗清新奇巧的诗作。由此可见，颜之推较之一般的北朝文士，有着更为敏锐细致的审美感受能力和鉴赏能力。故而，尽管他反对过于追求辞藻的华丽，但他却承认艺术技巧的日益提高是文学发展的必然趋势。因此，颜之推对扬雄晚年否定词赋之论甚为不满。扬雄是西汉著名的学者、辞赋家、语言学家。扬雄小的时候就十分好学，博览多识，酷好辞赋。他早年最崇拜的人就是司马相如，曾模仿司马相如的《子虚赋》《上林赋》，作了《甘泉赋》《羽猎赋》和《长杨赋》，所以后世有扬马之称。扬雄晚年对赋有了新的认识，指出："诗人之赋丽以则，辞人之赋丽以淫。"意思是说，古人作赋文辞华丽而合乎规则，后人作赋文辞华丽而过分绮靡。他由此认为，作辞赋为成年人所不齿，只是小孩子的行为，并为其曾经所作的那些赋而后悔不迭。但颜之推认为扬雄的话只是表明了古今辞赋的差别，从中看出的仅是古今辞赋的变化，却并不能说明写辞赋不是成年人所为。颜之推指出，写文章要摆正内容和文采的关系，不能一味复古，而对今日之文学成就一概否定，倘若只是刻意模仿古人之作，文学又怎能向前发展？因此，颜之推充分肯定了南朝文学的声律、对偶、用典等技巧，将其视为文学的进步。

在对待古今文章的问题上，颜之推既不厚古薄今，也不厚今薄古，而是创造性地提出了古今结合的观点。他公正客观地比较、评价古今文章之优劣，指出二者各自的得失利弊："古人之文，宏材逸气，体度风格，去今实远；但缉缀疏朴，未为密致耳。今世音律谐靡，章句偶对，讳避精详，贤于往昔多矣。"他认为古人的文章宏大飘逸、气势奔放，体态风格远在今人之上，但在遣词造句方面，就显得粗疏了，不够周密详细。而如今的文章音律和谐，章节语句对仗工整，而且精于避讳，在这方面是远超古人的。所以综合二者来看，颜之推认为写文章"宜以古之制裁为本，今之辞调为末，并须两存，不可偏弃也"。即以古人的体裁风格为根本，以当今的文辞音调为枝叶，二者并存，不可偏废。

从颜之推对古今文章的论述来看，他不仅能够客观地对二者进行评价，而且反映出他重视文章总体风貌的观念。尽管他强调古今结合，二者并存，但却有本末之分，他提出"以古之制裁为本，今之辞调为末"，表明二者的地位、功用并不等同。故而，需以古为本，调和古今，在学习古人体度风格的基础上，加强文采，方能熔铸出有体有格，华实并茂的新文章。这不仅是对古今文章的评价比较，更是为矫正南朝浮华的文风，指出了一条明确的道路，对促进文学的健康发展有着积极的意义。

六、轻文学重文章

两汉时期开始有了文学和文章之分，《史记·孝武本纪》载："上乡儒术，招贤良，赵绾、王臧等以文学为公卿。"《汉书》中也有"刘向、王褒以文章显"，但那时文学、文章的概念与后世还不尽相同。"文学""文章"同时出现在一篇之内可见《三国志·魏志·刘劭传》："夏侯惠荐劭曰：'文学之士，嘉其推步详密；文章之士，爱其著论属辞。'"可见，这时已出现了文学和文章之分。及至刘勰的《文心雕龙》中遂演变成了文、笔之辨："今之常言有文有笔，以为无韵者笔也，有韵者文也。"一般说来，"文"指的诗赋等纯文学作品，也就是小说、散文、诗歌一类；"笔"指的是奏章、论议、史传等议论文。颜之推所谓的文学便指纯文学作品，文章则指具有实用性的议论文。

颜之推十分鲜明地提出了重文章而轻文学的主张。而这一主张的产生是由文章与文学的用途决定的。曹丕在《典论·论文》中曾说："盖文章，经国之大业，不朽之盛事。"从而确立了实用文章在文坛的地位，此后又经挚虞、刘勰、萧统等人的推动，更使文章的地位大增，而颜之推又对其进一步提炼升华，再次以"施用多途"为理由提升了文章的价值。

颜之推首先指出了文章的各种文体出处，即全部出自于《五经》：诏书、命令、策封、檄文产生于《尚书》；叙、述、论、议产生于《周易》；歌、咏、赋、颂产生于《诗经》；祭、祀、哀、诔产生于《礼记》；书简、奏章、箴辞、铭文则产生于《春秋》。他认为文章可以有很多种用途，无论是朝廷的典章制度，还是军旅的誓词文诰，都可以用来扬显仁义，彰明功德，治理百姓，建设国家。而那些纯文学作品，在颜之推眼里，其用途充其量也就是陶冶情操，或对他人婉言规劝而已，如果学有余力，倒也可以写一些，但终究不要把主要精力放在文学上。由此，他提出了"至于陶冶性灵，从容讽谏，入其滋味，亦乐事也。行有余力，则可习之"的观点。

颜之推重文章轻文学的观点是与时代的变迁及其自身的经历息息相关的。正如刘勰所言："文变染乎世情，兴废系乎时序。"一个时代文运的兴替是随着社会的盛衰而不断变化的。南北朝时期，朝代不断更迭，战乱频繁发生，在这种烽火连绵、朝不保夕的年代，人们怎么可能还有闲情逸致去创作或欣赏那些风花雪月的文学作品呢？那时最需要的就是文诰之类的实用性文章。因此，正是这个时代选择了文章，而抛弃了文学。

时代的选择，必然影响到文人的创作观。再加之颜之推本人身历四朝、三为亡国之人的曲折经历，更使他深深感到学以致用的重要性。文章可以治国安邦、移风易俗，而文学在乱世中却没有什么作用。古语云："百无一用是书生。"特别是梁元帝萧绎的遭遇，更使他认清了文学的无力。梁元帝萧绎是一位很有文学才华的人，他自幼聪敏，酷爱读书，生平著述颇丰，共二十种，四百余卷。但他却不善于治理国家，当西魏军队即将攻入江陵时，他还在给大臣们讲《老子》。面对强敌，他所能做的就是将自己十四万卷藏书付之一炬，留下的是"读书万卷，犹有今日"的凄凉感叹。这使颜之推深感文学在乱世中全无用武之地。南唐后主李煜堪称词坛巨匠，却同样落得个国败家亡的悲惨结局，空留下"故国不堪回首月明中"的声声哀叹，李煜的命运似乎也可为颜之推的创作观做一佐证。因此，颜之推提倡文士应当把主要精力放在实用文章上，至于诗赋之类就权当业余爱好吧！

从颜之推本人的创作实践来看，他的著述多具实用性。他的代表作《颜氏家训》就是一部立身治家之法，《训俗文字略》是一部关于俗字的文字学著作，《证俗音字》是研究俗字读音的著作，《急就章注》是儿童启蒙教材，等等，这些都是实用价值颇强的作品。而他所写的诗歌及《观我生赋》仅仅是他全部著述的极小部分，可见他本人确是把文学当作闲暇时的消遣之事了。

另一方面，颜之推重文章轻文学，却并不是贬低文学，他自己也在"学有余力"时从事着文学创作。颜之推在"文章"篇中还讲了这样一件事：北齐有个大将，叫席毗，是个典型的实用主义者。他十分鄙视文学，曾嘲笑擅长作诗的刘逖说："你们这些人的文辞，就好比花草一般，只能供人观赏片刻，做不了栋梁之材，怎比得上我这样的千丈松树，遇到风霜也不会凋零啊！"刘逖巧妙地答道："如果既是耐寒的树木，又能春天开花，你觉得怎么样啊？"席毗无言以对，只得笑了笑说："那当然好了。"颜之推引用席毗和刘逖的对话，意在含蓄地表达自己的观点，他强调文章的实用性，但也承认文学自身独特的价值，二者若能很好地结合，当是绝妙文章。

七、华夏情结

颜之推一生播越南北，早年在南朝任过官，二十六岁以后便出仕于北齐、北周等少数民族政权。由于他幼承家学，深受儒家学术影响，在他的心里始终有一个信念："务先王之道，绍家世之业。"因此，虽然他供职于少数民族政权，却始终难解华夏情结，千方百计地利用平生所学为维护汉文化尽自己的一份绵薄之力。

作为文人，颜之推把他的华夏情结化为了自觉地从事语言文字规范的研究与应用之中。汉语言文字不单单是一个语言符号，它本身就是中华文化的一个重要组成部分，因此汉字不仅成为中华文化的载体，更是中华文化的表征。历史上有所作为的君王以及有识之士都十分重视文字的规范和统一，把传承语言文字作为保护民族文化、维护国家统一的一种手段。这种民族的自我保护意识和文化自觉精神一直传承至今。

颜之推处在南北对峙的时代，南北方虽在政治上分治，却阻挡不住文化上的相互交流、碰撞与融合。各种文化杂处交融，汉代经学一统的局面被儒、释、道三学并立的多元化状态所替代。而作为文化载体的语言文字，同样出现了混乱的局面，雅俗混杂，新旧并存。身处乱世的颜之推清醒地认识到，只有规范语言文字，才能使华夏民族长久不衰。

颜之推提出要以周秦以来的华夏通用语言文字作为学习的正宗，也就是我们今天所说的汉语言文字。他始终以正宗的华夏语言文字来教习子孙，并告诫家人不可学习异族语言。那时北朝的士大夫们都热衷于学习胡语，仿效胡习，以此来博取统治者的欢心，所以很多家长便把教子的目标定在了教习胡语和胡习上。齐朝有一位士大夫，有一个十七岁的儿子。一次，他对颜之推说："我儿子很有本事，十分擅长书写书信公函一类文章，而且他还掌握了鲜卑语，学会了弹琵琶，如果用这些本事去侍奉那些王公大臣，我想没有人会不宠爱他吧?"颜之推听罢，低头不语，因为他十分奇怪，天下怎么会有这样的父亲，竟用这种方法教育孩子，这是颜之推所不齿的。然而，当时的社会现实就是如此，孙搴、祖孝征都是以通晓鲜卑语而受到统治者重用的，刘世清以能解四夷语著称于世，和士开则以善弹琵琶颇得世祖宠爱。在那个以胡语胡俗为时尚的时代，那位父亲如此教育子女也就不足为奇了。而颜之推却始终高擎华夏旗帜，坚持用华夏通用语言来教习子女，这不仅是一位儒家学人的民族保护意识的体现，更流露出他渴望传承华夏文化、盼愿祖国统一的心愿。

颜之推在声韵学上造诣颇深，认为"九州之人，言语不同，生民已来，固常然矣"。也就是说，由于地域的差异而导致语言的不同。他还注意到古今的声韵会随着时代的发展而发生变化，即所谓"古今言语，时俗不同"。在这些声韵理论的基础上，颜之推进一步提出了规范语音的标准问题。古代的各个朝代，一般都以当时首都的语言作为全国的标准语言。周代就是以京都镐京的语音作为"雅音"。孔子在平时说话时用的是鲁国方言，但在读《诗经》《尚书》及进行各种礼仪活动时，说的则是"雅言"。春秋诸国的士大夫在朝聘会盟时，也会用雅言进行交流。自东汉以来，洛阳经常被作为首都。因此，洛阳的语言便成了"正音"。北魏孝文帝在推行汉化政策的过程中，曾下达过"断诸北语，一从正音"的诏书，也把洛阳正音奉为全国的统一语音。因此，颜之推以史为鉴，提出了"共以帝王都邑"的语音作为通用语言的基础语音的理论，也就是以首都的语音作为通用语言的基础语音。他认为人类有史以来，全国各地的人的语言就各不相同，无论是国家统一，还是分裂，这种现象都客观地存在着，直至今日，方言仍然存在。颜之推对当时南北语音存在的异同作了极为准确的分析。他认为南方因山明水秀，以柔和取胜，所以其声音清脆悠扬而发音急切。不足之处是语速过快，滑音过多，而且言辞多鄙陋粗俗；北方因山川雄奇壮伟，所以其声音低沉而迟缓，带有一种质朴豪爽的意味，言辞中还保留了很多古代的格言警句。可见，颜之推的结论是语言差异取决于生存环境的不同。鉴于以上分析，颜之推又通过参照各地方言，考核古今语音，最终提出了选取南方金陵语音和北方洛阳语音两相折中，作为南北通用语言的标准语音，也就是所谓的"正音"。这一主张正是继承了周秦以来"帝都之音最正"的语言规范观。它不仅确立了华夏民族语言的正宗地位，而且为后世语言规范奠定了理论基础。时至今日，我们仍然沿袭着这一语言规范观，今天所使用的汉语标准语——普通话正是以首都北京的语音为标准音的。

隋朝统一全国后，颜之推意识到国家的统一必然带来语言文字的规范和统一。开皇二年（582），颜之推和刘臻、魏澹、卢思道、李若、萧该、辛德源、薛道衡、陆法言一起讨论音韵问题。颜之推凭借自己多年来对语言文字问题的深入研究，再次提出以金陵、洛阳的语音为基础语音，来统一和规范全国语音。大家接受了颜之推的意见，并完成了《切韵》一书的书稿。遗憾的是，颜之推没能看到《切韵》正式出版便离开了人世，但他的研究理论和方法却永远留在了《切韵》之中。

由于颜之推认定汉语是华夏语言的正宗，因此，作为一个学者，他便十分重视字义和字书的校正。在《家训》中他以一篇"书证"将古代的字书和同代人所撰字书、注释中的谬误一一指出，并批评那种单凭字音随意加偏旁造新字的做法。对于古代字书，颜之推推崇的是许慎的《说文解字》，他认为《说文》一书："隐括有条例，剖析穷根源，郑玄注书，往往引以为证，若不信其说，则冥冥不知一点一画，有何意焉?"所以，他在校订文字时，一般都是以《说文》作为凭据。但在写字时是否要根据《说文》中的笔画呢? 关于这个问题，颜之推认为："吾昔初看《说文》，蚩薄世字，从正则惧人不识，随俗则意嫌其非，略是不得下笔也。所见渐广，更知通变，救前之执，将欲半焉。"这里反映了颜之推从对《说文》的盲目崇拜到理性认识的一个过程。颜之推认为写字大可不必因循守旧，而应当随着时代的发展而有所变通。他认为："若文章著述，犹择微相影响者行之，官曹文书，世间尺牍，幸不违俗也。"可见，颜之推主张在写作时，也可以参考一下《说文》，但在进行文件的写作时，就要用当时通用的字体了。清代的有些学者由于研究《说文》，因此写字都要写成"《说文》体"，以致别人无法辨认。可见，早在一千多年前颜之推的与时俱进的做法要比这些清代腐儒高明得多了。

颜之推并不固守《说文》，他说："余亦不专以《说文》为是也，其有援引经传，与今乖者，未之敢从。"他清醒地认识到，随着时代的发展，作为记录语言的文字，必然要随语言的发展而改变。他强调只要是符合造字规律的，而且是随着时代而产生的，就应该承认其合理性，允许其存在和流传。同时，颜之推还提出了宽松灵活的用字方法，即正式的文章，也就是治学为文要用传承的正体字来写，而且要用大家都认可的通用字。而官府的文书、日常的书信等，在用字上则大可不必过于苛求，只要不违背习俗就可以了。颜之推在文字上的这种辩证的态度对"和而不同"的中华文化的融合有着积极的作用。

颜之推的语言文字学理论，影响深远。其后，颜氏子孙继承并发展了他的学术思想，在隋唐时期创立了专门普及和推广正字法学问的字样之学，从而确立了楷书系统的正体地位，垂范后世。

八、清谈误国

在颜之推的思想体系中，对老庄哲学并不排斥，但他却坚决认为"清谈误国"。

在魏晋这个既乱且治的时代中，"名士"这一社会群体出现在历史舞台上。"魏晋名士"又经常与"清谈"联系在一起。所谓"清谈"，就是高雅的谈论，起源于东汉的人物清议，初创于汉代末期，正式形成于曹魏正始年间。名士们在清谈的过程中，还产生了一种新的哲学思潮——玄学。

魏晋名士清谈的命题很多，一般为探讨诸如本末、动静、有无、体用、言意、自然名教等的关系问题。清谈具有一整套规程，其主要方式简单地说就是"辩论"。清谈是当时士族间的一种高雅活动。在清谈中，名士们经常手拿一种名叫麈的鹿的尾毛，上下左右摇摆，谈吐自如，风流倜傥。东晋大书法家王羲之在《兰亭序》中描写的群贤毕至，少长咸集于会稽山阴之兰亭的盛况，便是当时东晋士族的一次大聚会，这次聚会的主要活动当然少不了清谈。当时善于清谈的名士很多，如东晋时王导和殷浩二人辩论，庾亮、桓温等人在一旁观战，直谈到夜深，也没有得出结论。谢尚听殷浩的谈论，入神以致汗流满面。王澄听卫玠清谈，入迷以致三次倒地。这些听起来近乎荒诞的佚事，充分显示出清谈在名士中的魅力。

进入南朝，士族的清谈之风依然不减。梁代的君主都大力弘扬道家之学，那时《庄子》《老子》《周易》被统称为三玄，梁武帝和简文帝都曾经亲自讲解评论。大臣周弘正奉旨讲学，更是称颂玄学为治国大道，其影响遍及整个京城，门徒多达千余人，盛况空前。梁元帝在江陵、荆州的时候，也非常喜欢研习玄学，他招了很多学生，废寝忘食，夜以继日地亲自讲授，实在劳累过度时，他仍然要用玄学来消愁解乏，可见对玄学爱之甚深。那时候，颜之推偶尔也会去听一听元帝的课，只是他说自己生性愚钝，又不怎么感兴趣而已。其实这只是颜之推作为人臣的一种委婉的劝谏之词，事实上他对这种做法是十分反对的，他认为清谈之风，足以误国，而真正应该提倡的仍是儒家学说。

颜之推提到的"清谈误国"的典故出自西晋的王衍。王衍，字夷甫，出身名门，是当时的大族琅玡王氏家族的成员。王衍小时候，有一次去拜访当时的名士山涛。山涛看见他后，被他的气质所吸引，非常赞叹，见人就说："哪位老妇人，竟然生出了这样有气质的孩子啊！不过，贻误天下百姓的，也许就是他啊！"王衍长大成人后，太傅杨骏想将自己的女儿嫁给他，王衍却以此为耻，假装疯癫，推了这门亲事。晋武帝听说了王衍的事迹，向他的表哥王戎问道："王衍可与当今的什么人相提并论啊？"王戎沉思了一会儿，答道："我还没有见到谁比得过他的，如果真要找，那只能从古人中去寻找了。"王衍年轻的时候，好论纵横之术，颇有一些进取心。但当尚书卢钦推荐他做辽东太守的时候，他却不愿赴任，从此便不再议论世事，只好谈论玄虚，开始加入清谈名士的行列。

王衍是一个名副其实的名士，他清秀儒雅，风度翩翩，称得上是一表人才，特别是能言善道，喜谈老庄，他手持玉柄麈尾，与手同色，气度非常。所说言辞之义理如稍有不妥，立即更改，号称"口中雌黄"。他成为当时一些士人的楷模，追求的偶像，遂开"矜高浮诞"之风。

王衍的处世原则是明哲保身。他虽累居显职，但却从来不以国事为重，只从自身利益着想。晋惠帝皇后贾南风凶暴残忍，当时的一些朝臣商议废掉贾后，王衍也参与此事，但不久，他为了保全其身而反悔，使得废后之事不了了之。他的女儿王惠风是太子司马遹的妻子，当贾南风陷害太子之时，王衍由于害怕祸临己身，便奏请皇上允许他女儿与太子解除婚姻关系。贾后被废后，王衍被禁锢终身。但此时正值八王之乱，因此又被重新起用，先后在赵王司马伦、齐王司马冏、成都王司马颖以及东海王司马越属下任职。然而，在国家动乱之际，他想到的仍然不是国家安危，而是自全之计，遂制定了自己留洛阳，让他的弟弟王澄在荆州，族弟王敦在青州的"三窟"计划。东海王司马越死后，众人共推王衍为元帅，他极不情愿。最后，终于落入少数民族政权后赵的统治者石勒之手。

在生死关头，王衍仍旧是本性难移。石勒最初对他极为恭敬，呼之"王公"，向他询问晋朝故事。王衍为他分析了西晋动乱之原因，处处开脱自己，说罪不在己，自己本不想参与政治，还劝石勒称尊号。没想到正是他的这种保身自免的本性害了自己的性命。石勒听后大怒，说道："你名盖四海，身居重任，少壮登朝，至于白头，为什么说不关心世事呢！破坏天下，正是你的大罪。"为了表示对王衍的尊敬，石勒令人在夜晚推倒墙壁压死了王衍。在王衍将死的一刹那，他说了最后一句话："哎呀！我虽然比不上古人，但如果不崇尚清谈，而致力于治理国家，也不会落得今天这个地步啊！"他似乎全明白了，但为时已晚。

后人在评价王衍时，皆以"清谈误国"四字以冠之，桓冲面对山河残破的景象曾说："让国家沦落成现在这个样子，王衍这些人是无法推卸掉责任的！"西晋败亡，王衍等人的"清谈误国"的确是一个重要因素，但其根本原因恐怕还是应该从统治者自身的矛盾中去寻找。

颜之推虽然认为清谈误国，但他对老庄之学却并不持否定态度。他认为老子、庄子的书强调的是保全本性，不被外物拖累自身。而老子、庄子的所作所为也的确与其观点相一致。老子曾经隐姓埋名在周朝担任柱下史，后来隐身于西域沙漠，不知所终。庄子则藏身于漆园作小吏，结果还是被楚威王得知，因慕其名，遂用金钱和相位引诱庄子来楚国做官，庄子不为所动，拒绝了楚王。老子和庄子是真正可以抛弃一切外物的诱惑，来保全本性的。但后世的追随者又如何呢？颜之推对魏晋以来三百年间的道家学派的代表人物和鼓吹者一一加以剖析。

何晏、王弼、夏侯玄都是曹魏正始玄学的代表人物，他们用老庄思想来解释儒家经典，企图通过自己独到的观点维护国家的统治秩序。何晏，字平叔，年少时便以才秀知名，酷爱老庄之学，崇尚清谈，开一时之风气。但最终却因依附曹爽，陷入了追逐权力的罗网，卷入党争，被司马懿诛杀。王弼，字辅嗣，好玄学，为何晏所赏识。但他却恃才自傲，常以自己所长讥笑他人，遭到了读书人的嫉恨，从而落入了争强好胜的陷阱。夏侯玄，字太初，曹魏征西大将军，也是玄学的推崇者。中书令李丰等密谋诛杀大将军司马师，计划由夏侯玄辅政，结果事情败露，李丰等人被诛杀三族，而夏侯玄则因其才气和名望过高，为司马师不容而被杀。何晏、王弼、夏侯玄都企图用自己的玄学思想消除当时司马氏与曹氏之间的矛盾和斗争，同时也为自己争得良好的政治发展环境。但是，思想终归是思想，玄学无论多么高深莫测，在血腥的政治斗争面前，便显得软弱无力。

但颜之推却认为，夏侯玄因才高被杀是因为他没有从支离疏和无用的大树的故事中吸取教训。支离疏的故事出自《庄子·内篇·人间世》，写了一个叫支离疏的残疾人，由于他肢体高度残疾，不仅可以免征为武士和夫役，还能领到残疾人的救济金以享天年，可谓因祸得福。大树的故事出自《庄子·内篇·逍遥游》，写了一种叫樗的大树，这种树树干臃肿，毫无用处，木匠对这种树瞧都不瞧，自然免去了被砍伐的危险了。颜之推以这两个故事作比，认为夏侯玄虽喜爱玄学，却并没有真正吸取庄子之学的精髓，不懂自保，才高而未隐锋芒，最终招致杀身之祸。

魏晋时期，名士之风盛行，有七个人志趣相投，常常在竹林中聚会，他们是阮籍、嵇康、阮咸、刘伶、山涛、向秀、王戎，被称为"竹林七贤"。其中，嵇康等人将玄学的发展推动到了竹林时期。司马氏篡魏后，为了稳定人心，积极推行名教之治，提倡以孝治天下。嵇康等人对司马氏非常不满，但又无力反抗，只能在清谈玄学中寻求安慰。嵇康，字叔夜，自小颇有奇才，见多识广。嵇康个性狂放不羁，坚决不与时俗同流合污。他的朋友山涛任吏部尚书时，好意举荐他来代替自己，没想到嵇康竟写了一封绝交书以表拒绝之意，由此惹恼了掌权的司马氏。后来嵇康又遭到他人陷害，终为司马昭所杀。老子《道德经》中说："和其光，同其尘。"意思是说，要随俗而处，不可太露锋芒，而嵇康不肯随俗，而招致灾祸，没能真正做到与世无争，这是有违古训的。

而与嵇康排斥流俗迥然不同的则是郭象。郭象，字子玄，为西晋后期元康时期玄学思想的代表人物。起初，州郡招郭象做官，他推辞不做，后来东海王司马越保举他做了太傅主簿，从此便走上了权势之路，专权跋扈，威势逼人，其声名也因此而一落千丈。郭象同样违背了老子的古训："后其身而身先，外其身而身存。"意思是说，表面上克制自己，实际上反倒得到了好处，这种作为并不是真正达到了甘于别人之后的忘我境界。

荀粲丧妻后，悲伤过度而亡，年仅二十九岁，这与庄子之妻死后，其敲着瓦盆唱歌的做法大相径庭；王衍痛失幼子后，悲不自胜，这与魏国叫东门吴的人丧子后毫不忧伤的达观无法相比。颜之推列举了诸多玄学中人心所向的领袖人物，借以说明这些人虽推崇老庄哲学，但他们只是追求清谈雅论，剖析其中的玄奥精妙，整日汇聚一堂，高谈阔论，不过是为了顺心悦耳，但于己不能保全声名，于国不能济世安邦。口头上说得头头是道，行动上却都违背了老庄全真养性的真谛所在。

《淮南子·说山训》中有一个非常可笑的故事，说的是某人的母亲死了，而这个人并没有痛哭流涕，邻居家的儿子看见了，便对自己的母亲说："你赶快死吧，我一定特别悲哀地痛哭。"这正是对那种虽想尽孝却不知孝为何物的人的辛辣讽刺。颜之推在《家训》中也记载了一个类似的故事。北齐孝昭帝高演在母亲娄太后病重的时候，一直侍奉床前，茶饭不思。太医徐之才为太后针灸时，高演在一边紧握拳头，以致指甲嵌入了掌心，血流满手。后来娄太后的病好了，而高演却因病去世了。他临死前，在遗诏中说，最遗憾的是没能为娄太后送葬，以尽最后的孝心。在颜之推看来，高演的遗诏和那个希望母亲速死的儿子的想法如出一辙，作为一个君主，如此不懂忌讳，同样是不知孝为何物。颜之推举此例，意在说明学习的重要性，连行孝都需要通过学习才能做得合乎礼仪，又何况其他的事情呢？但从另一个角度来分析这个事例，恰好也证明了颜之推所认为的清谈误国的观点。邻人之子也好，孝昭帝也罢，他们同样都是坚持着行孝的思想，却昧于行孝的真谛。而上述所举那些玄学大家，也同样是鼓吹着老庄哲学，而又昧于老庄真谛。事实上，古往今来，坚持某种思想主张而又昧于其真谛的人又何止上述之人？

第9章

崇实务实的修身观

一、名副其实

"名副其实"一词的含义是："名声与实际相符合。"中国人历来是很重视名声的，这一点我们从词汇中就看得出来，什么"名标青史""名满天下"，"名不虚传"，当然也有"名不副实""名过其实""声名狼藉""盛名之下，其实难副"等等。古人云："夫令名，德之舆也。"就是说，名是载德的，说通俗一点，就是有实才有名。

对于名声和实际，颜之推做了一个十分形象的比喻："名之与实，犹形之与影也。德艺周厚，则名必善焉；容色姝丽，则影必美焉。今不修身而求令名于世者，犹貌甚恶而责妍影于镜也。"他把名声比作影像，把实际比作形体，意思是说长得漂亮的人，从镜子中照出来的影像必然是美丽的；而一个长得丑的人，怎么也不会从镜子中映出美丽的身影。所以说，只有德才兼备、德艺双馨的人才能得到好名声。

颜之推对追求名声是持肯定态度的，只要名实相符，就应该努力去树立自己的名声。依据不同的名实观，他把士人分为了三种：第一种是上等士人。这类人是属于忘掉名声的人，也就是只注重自己的言行要合乎道德标准，而全然不去追求名望。他们只重"实"而不求"名"，这类人应该就是人们常说的"圣人"。

第二种是中等士人。这类人是既重"实"又求"名"。他们同样是修养品德，谨言慎行，而与上等士人不同的是，他们对名声是毫不谦让的，他们担心自己有"实"却无"名"，因此这类人非常注重对名声的树立。颜之推是推崇这类人的，他希望他的子孙就要做这种不断努力进取的人，这种名副其实的人。

第三种人是下士，这类人是无"实"而窃"名"。窃名的人可谓形形色色。一类人是贪求名声。据说有一位大贵人，此人以孝道闻名于世。他几次守丧，悲伤的程度都超过了丧礼的制度规定，这其实已经足以说明他孝顺的程度超越常人了。可是他好像还嫌不够，有一次他为了更好地表现他的悲伤，于是睡在草垫上，用土块当枕头，最不可思议的是他还用巴豆汁涂在脸上，致使脸上长出了一个个疮疤，以此来表示他哭泣得实在太厉害了。然而，天下没有不透风的墙，他身边的僮仆把他这些作假的行为全都曝光了。这样一来，人们不禁要对他一次次所表现出的孝道行为产生怀疑。或许他的孝心是真的，但由于这一次作假，致使一百次的真实也随之丢失，这都是他无休止地贪求名声造成的。为此，颜之推提出了一个十分鲜明的观点："巧伪不如拙诚。"他认为，追求名声可以，但不能贪求，要适可而止，要留有余地。他很形象地做了一个比喻："人足所履，不过数寸，然而咫尺之途，必颠蹶于崖岸，拱把之梁，每沉溺于川谷者，何哉？为其旁无余地故也。"意思是说，虽然人们走路，脚下踩的不过是几寸土地，然而如果就让你在咫尺宽的路上行走，你肯定会从边上摔下去，让你从很窄的独木桥上走过，说不定也会掉入河中，这是为什么呢？就是因为你的脚旁没有余地。同时，他进一步指出："君子之立己，抑亦如之。至诚之言，人未能信，至洁之行，物或致疑，皆由言行声名，无余地也。"所以，他告诫子孙们要想在社会上立足，就要给自己留有余地，不要贪求，这正是老于世故的颜之推对自己亲身经历的总结。

对此，颜之推还举了这样一个例子，这个故事的主角是邺下的一个年轻的官员。他在襄国县（今河北邢台）当县令的时候，不仅对公事尽心尽力，而且对下属格外体贴。他每次派遣男人去服兵役时，都要亲自握手送别，有时还要送给服役者一些食物，比如梨、枣、糕饼等等，而且还要发表一番临别赠言："这都是上级的命令，只好有劳各位了。我心里实在是不忍啊，送些薄礼以表达我的思念之情吧！"这样的好官，老百姓自然对他赞不绝口。后来他升任泗州别驾，官职升了，这类事情就会随之增多，开销自然越来越大，渐渐地他也承受不起了，往往就不能像以前做得那么周到了。时间久了，难免就要掺杂虚情假意，结果他以前所获得的好名声也被抹杀了。由此看来，这也是他一开始就没有留有余地的缘故。

还有一类人是靠别人的吹捧博得虚名。比如有的老师帮助学生修改、润色文章，以此来抬高学生的声誉，颜之推认为这是最大的弊端。一来作为老师，你不可能每篇文章都去润色，而最终还是会露出破绽；二来作为学生，有了这样的依靠，自然就不会奋发努力了。以此博得的虚名是不可取的。颜之推举了一个士族子弟的例子。据说此人读书不多，且天性愚钝，但家里有钱，而这就足以成为他的资本了。他常常用酒肉、珍宝来结交名士，而这些贪财的名士自然就齐声吹捧他，结果连朝廷也认为他颇有才华，竟然还派他出国访问。北齐东莱王韩晋明是一位文学爱好者，不禁对此人的诗作产生了怀疑，于是设宴款待，欲当面试试他的才华。这一天，文人骚客会聚一堂，提笔吟诗，这位士族子弟倒也满不在乎，提起羊毫，一挥而就。韩晋明看后，心中不禁感叹道："果然如我料想的一样啊！"接下来，韩晋明又问这位士族子弟说："玉珽向上刮削到终葵首以后，应该成为什么形状？"士族子弟答道："玉珽的头部弯曲成圆形，样子就像葵叶一样。"这位颇有学问的韩晋明忍着笑把这件事讲给颜之推听。韩晋明为什么会笑呢？原因很简单，因为他认为这位士族子弟实在是太无知了。他所说的玉珽就是皇帝手上捧的那块玉制的手板。齐人把椎称为终葵，那么终葵首就是椎头了。而士族子弟似乎并不知道这个终葵首被齐人称为椎头，所以就说出葵叶了。随后，此人被颜之推等人认定为无知之人。然而，一些史学家也指出：《尔雅·称草》中确有"终葵，繁露"的解释，也就是说，确实有这样一种草叫"终葵"，它的叶子呈圆形，很像椎头，所以才会得此名。由此说来，这位士族子弟也并没有说错。颜之推曾说："观天下书未遍，不得妄下雌黄！"而在这里，他确实是"妄下雌黄"了！当然，读书不多而靠吹捧来博得博学之名的人的确让人鄙夷。

中国人不仅追求声名远播，而且还追求名垂千古。这个看不见、摸不着的名声究竟有什么作用呢？颜之推认为："劝也，劝其立名，则获其实。且劝一伯夷，而千万人立清风矣；劝一季札，而千万人立仁风矣；劝一柳下惠，而千万人立贞风矣；劝一史鱼，而千万人立直风矣。故圣人欲其鱼鳞凤翼，杂沓参差，不绝于世，岂不弘哉？四海悠悠，皆慕名者，盖因其情而致其善耳。抑又论之，祖考之嘉名美誉，亦子孙之冕服墙宇也，自古及今，获其庇荫者亦众矣。夫修善立名者，亦犹筑室树果，生则获其利，死则遗其泽。世之汲汲者，不达此意，若其与魂爽俱升，松柏偕茂者，惑矣哉！"简单地说，就是一个好的名声可以影响一代或几代的社会风尚，追求好的名声，是为了使人心向善，使社会风气淳正。如果每个人都努力修身慎行，追求好的名声，这就如同建房屋、种果树，不仅活着的时候能够得到好处，而且死后还能惠及子孙后代。因此，颜之推劝勉子孙，一定要树立与实际相符的好名声。

二、贵能有益于物

　　颜之推是一位具有鲜明崇实思想和务实作风的士人。他虽然出身于世家大族，但他却对门阀士族的腐朽深恶痛绝。在《家训》的《涉务》篇中，他开篇便提出"夫君子之处世，贵能有益于物耳"的响亮口号。

　　颜之推认为做人最重要的是要有益于社会，要做到"不徒高谈虚论，左琴右书，以费人君禄位也"。就是说，不要整日高谈阔论，弹琴写字，白白地耗费国家的俸禄。他把国家的人才分为六种：第一种是朝廷之臣，他们的任务是负责规划、决策朝中大事，所以要选取那些通晓政治方略、知识渊博、品行端正的人；第二种是文史之臣，他们的任务是撰写典章制度，记录历史，以使今人不忘前车之鉴，所以要选取精于记载、善于撰述的人；第三种是军旅之臣，他们的任务自然是带兵打仗，所以一定要选取坚强干练、熟悉军事、既有指挥才能又有谋略的人；第四种是藩屏之臣，顾名思义，就是把守国家边疆的人，这类人一定要通晓当地的民情风俗，且清正廉洁、爱护百姓；第五种是使命之臣，就是奉命出使的使节，这类人必然要能洞察时事、随机应变、不辱使命；第六种是兴造之臣，就是负责兴建营造的人，需要选取会衡量功效、节省费用，而且有一定的创新精神的人。事实上，人的才智各有长短，每个人都有所长，也都有所短，并不要求一个人在这六个方面都很完美。总之，只要能胜任其中的某一项职务，就已经可以说问心无愧了。然而遗憾的是，南北朝后期的许多士大夫竟一事无成。

颜之推对当时的士大夫好逸恶劳、不涉世务之风作了客观的记述：中国自古以来以农为本，吃饭是老百姓的头等大事。而南朝的士大夫们，却已有八九代没种过田了，他们完全是依靠俸禄来维持生活。即使家里有田地，他们也不可能亲自耕种，而是交由仆人去干。他们甚至从来没见过如何翻土，怎样锄苗，如果问他哪月该下种，哪月该收获，更是一问三不知了。颜之推认为一个人连生存这种最根本的事情都不懂，他又怎么可能了解世间的其他事情呢，这样的人又如何去治家、治国呢？

梁朝的士大夫们，一个个养尊处优，游手好闲。这些人一般都喜欢穿着很宽松的大袍，头上戴着高高的帽子，脚上蹬着高齿木鞋。这身打扮出门，当然就只能坐车，不能骑马了，所以城里城外都极少能看到有人骑马。简文帝的长子宣城王萧大器因为很赏识大臣周弘正，便赏赐了他一匹很矮小的马。即使周弘正骑这么矮的马，也被朝野上下嗤之以鼻。那时候的风气就是谁骑马谁就要受到弹劾。于是就出现了一些令人莫名其妙的笑话。建康县令王复，性格温文儒雅，非但没骑过马，甚至也没有见过马。有一次，他看见一匹马嘶鸣跳跃，顿时大惊失色，颤抖着对旁人说："这明明就是老虎嘛，为什么叫它马呢?"此人竟"指马为虎"，足见当时社会风气之柔弱。再说射箭，北方人大都精于此道，江南的士大夫们倒也学射箭，然而，他们射的并不是上阵杀敌的"兵射"，而是作为一种游戏的"博射"。这种游戏，弓箭弓软箭长，纯粹是一种游戏性的习射方式，倘若上阵杀敌，是没有任何作用的。

正是这种阴柔浮华的士风，加速了梁朝士大夫们的没落。他们生活在太平年代，不知会有国破家亡的灾难；他们在朝廷为官，不知会有对阵交战的危急；他们手捧俸禄，不知耕种稼穑的辛劳；他们置身于百姓之上，不知当差服役的劳苦。因此，一旦事变发生，不要说依靠他们去平息战乱，扭转局势，就连自身性命也难保。侯景之乱发生之后，这些士大夫们一个个身体赢弱，不堪奔波之苦，难忍寒暑折磨，所能做的就是坐以待毙。可见，这些人虽然拿着国家的俸禄，但于国于家于己，可以说是毫无益处。

因此，颜之推提出士族子弟要应世经务，学以致用。颜之推看到不少文士，品评古今，口若悬河，但一旦实际操作，却是手足无措。很多人都埋怨梁武帝父子亲近小人而疏远士大夫，事实上，梁武帝父子正是认识到了士族大多没有真才实学，因此才改变了用人政策。有才干的士族自然会被重用，而大多数华而不实的士族就只能给个没什么实权的官，这也算是掩盖了他们只会空谈而不能实干的弱点，那些需要实干的职位当然是不敢给他们了。由此可见，梁朝士族不学无术、华而不实的风气对当时的政治也产生了重大的影响。

南朝严格保护士族的世袭特权，士族子弟无论是否有才华，也无论是否有武功，都可以做官。由此便使这些士族子弟不思进取，游手好闲，四体不勤，五谷不分，和平年代不能治理国家，战乱发生却又自身难保。如此颓败的群体，怎能不走向衰亡呢？

同时，士族奢靡浪费之风也日益加剧。早在士族制度最初形成的西晋时期，士族之间就以淫奢相攀比，到了南北朝时期，士族生活的奢靡程度更是达到了顶峰。颜之推针对此浪费之风提出了节俭的主张。孔子曰："奢则不孙，俭则固；与其不孙也，宁固。"意思是说，奢侈就显得骄傲，俭朴就显得寒酸。与其骄傲，宁可寒酸。颜之推十分赞同这一观点，而且他还进一步指出，节俭和吝啬是两个概念。节俭是俭省，是节约；而吝啬是看到穷人也不救济。这二者是不可同日而语的，他提倡的是施舍而不奢侈，俭朴而不吝啬。

颜之推很欣赏北方人勤俭持家的做法。他们吃的是自己种的粮食、蔬菜、水果以及自己养的鸡、鸭、猪、牛，穿的是自己纺线、织布做的衣服，住的是用自家的木材盖起的房子，用的柴草、脂烛等日用品也大都是自己种植的产物。总之，不用出门，生活必需品就都一应俱全。这些善于经营管理家业的人都懂得俭朴节用，与江南士族奢侈成风形成了鲜明的对比。

颜之推身为士族，却能够清醒地认识到士族好逸恶劳、华而不实、奢靡浪费的腐朽风气，提出了士人要有益于国家的主张。这既是他对当时腐朽士风的批判，更反映了他殷切希望改变士族现状、维护士族地位的心愿。

三、慕贤尊贤

自古以来，凡是贤明的君王都慕贤、尊贤、求贤若渴，周文王访得姜子牙灭商兴周，唐太宗有了房玄龄、魏征等贤臣，迎来了贞观之治的空前繁荣。可见，人才的作用与国家的兴亡息息相关。颜之推在《家训》中写下了《慕贤》一篇，阐明了他的人才观。

对于人才的重要性，颜之推用正反两个事例来加以说明。

侯景作乱，攻入建康，城内的官吏、百姓惊恐不安。唯有一个叫羊侃的官员沉稳镇定，他在东掖门部署防守策略，仅用了一个晚上就安排妥当，由此争取到了百余天与敌人对抗的时间。当时城中有四万多人，王公大臣不下一百，然而他们个个惊慌失措，担心着自己的安危，只有羊侃一人凭借冷静和智慧稳定了局势，这就是才与非才、高士与俗人的差别。

齐文宣帝高洋沉湎酒色，为所欲为，是历史上有名的昏君。所幸的是他用对了人，他把政事全权交给了尚书令杨遵彦。正是有了这位宰相打理政务，才使得朝野上下安然无恙，群臣各安其职，秩序井然。杨遵彦以贤能为朝野所称颂，这种安定的局面一直维持到天保朝结束。孝昭帝高演即位后，杨遵彦被杀，国家的政令法律也随之废弛了，国家很快陷入了混乱状态。齐朝另一位有名的大将叫斛律光，他可是位有安邦制敌之功的人才，可惜的是他也无罪被杀。从此军队将士人心涣散，北周也因此而萌生了吞并北齐的欲望。斛律光众望所归，威震边陲。他在，敌军便不敢入侵；他亡，敌军便敢伺机而入。为此，颜之推不禁发出"国之存亡，系其生死"的感叹。

接着，颜之推更进一步举了晋州行台左丞张延隽的例子。张延隽是一位很有才干的人，他全力支持并尽心辅助主将，安抚边疆，爱护百姓，招揽人才，储积物资。在他的治理下，晋州稳如磐石，足可与一国相匹敌。可是，总有一些卑鄙小人容不得忠臣良将，只因为张延隽的严格管理妨碍了他们为所欲为，便极力排挤张延隽。最终，他们取代了张延隽。然而，这些小人们的如愿以偿换来的却是晋州上下一片混乱，等待他们的则是北周一举攻克晋州，而齐国的灭亡也从这里拉开了序幕。

"殷鉴不远，在夏后之世"。颜之推以史为鉴，反复强调人才的重要性，申说"慕贤"之意。而人才尽管如此重要，但世上损贤、害贤的事情还是时有发生。

对人才的不尊重，是颜之推极为痛恨的一种行为，"用其言，弃其身，古人所耻"。世上的确不乏此种人，采用别人的建议，却把功劳归于自己。这种窃取他人成果的行为，是人所不齿的。颜之推认为："凡有一言一行，取于人者，皆显称之，不可窃人之美，以为己力；虽轻虽贱者，必归功焉。窃人之财，刑辟之所处；窃人之美，鬼神之所责。"哪怕是一句话，一个举措，只要是取自他人的，就应该公开颂扬其人的行为，即使那个人地位低下，也必须要归功于他，绝不可窃人成果。

古语云："世上先有伯乐，而后有千里马。"这充分说明人才是很不容易被发现的，不然怎么会有慧眼识才之说呢。对人才视而不见，这是人们经常犯的错误。世人往往有一个习惯："世人多蔽，贵耳贱目，重遥轻近。少长周旋，如有贤哲，每相狎侮，不加礼敬；他乡异县，微借风声，延颈企踵，甚于饥渴。校其长短，核其精粗，或彼不能如此矣。"就是说，人们往往对传闻的人和事情很看重，而对自己身边的人却毫不在意，我们今天那些粉丝们的心态似乎就是这样的。古代的粉丝们也是如此，如果是远方的人，听到那么一点儿名声，就如饥似渴地去仰慕，而自己身边的贤士却根本就意识不到其存在。其实如果客观地比较一下，说不定身边的比远方的强多了。正因为如此，鲁国人从不把孔子视为圣人，就因为孔子是鲁国人。虞国的国君更是不把和自己一起长大的宫之奇当人才看，

121

死活不肯采纳他的意见，结果竟亡了国。可见，世人的这种人才观是很可怕的，所以，颜之推告诫子孙必须要把这些教训永记在心。

颜之推还讲了一件发生在自己身边的真实故事：梁元帝在荆州的时候，那里有一位叫丁觇的人。此人没有官职，但文章写得非常好，尤其是写得一手好字，他最擅长的是草书和隶书。于是，元帝就把文书抄写的工作全部交给了他。虽然他的字写得很棒，可军府中的那些人根本就瞧不起这个没有一官半职的人，甚至不许自己的子弟去临习他的书法。当时有这样一句话，说是丁觇的十张纸也抵不上赫赫有名的书法家王褒的一个字。然而，颜之推却特别喜欢丁觇的字，只要看见了就珍藏起来。一次，元帝派一个叫惠编的人送文章给萧子云看。萧子云是王褒的姑父，同样以书法著称于世。萧子云接过文章一看，立刻被那漂亮的书法所吸引，心想，这代笔者定是一位书法高手。于是便询问惠编这代笔人的姓名，惠编告诉他此人叫丁觇。萧子云不禁感叹道："此人的书法在后辈中无人能及，怎么会一点儿名声都没有呢？这事儿太奇怪了！"有了萧子云这番话，人们才渐渐对丁觇刮目相看。后来，丁觇官至尚书仪曹郎，后又任晋安王萧纲侍读，随晋安王东下。江陵陷落后，经他抄写的那些文书信札也都散失了。不久，丁觇也在扬州去世了。那些当年瞧不起他的人，再想得到他的书法也是不可能的了。丁觇的沉浮遭遇不仅说明了人才难识，同时也流露出颜之推对不能任用人才者的不满。

颜之推感慨人才难得、人才难识，并由此阐发如何培养人才的观点，指出人才培养与环境、交往之间的密切联系。他认为："人在年少，神情未定，所与款狎，熏渍陶染，言笑举动，无心于学，潜移暗化，自然似之；何况操履艺能，较明易习者

122

也？是以与善人居，如入芝兰之室，久而自芳也；与恶人居，如入鲍鱼之肆，久而自臭也。"人在年轻的时候尚未定型，如果与圣贤之士亲近，必然会受到好的熏陶，无论言行举止、音容笑貌还是操守、才能都会受到潜移默化，而渐渐与其相似。但如果与恶人相处，也必然会沾染恶习。据说，墨子看见染丝就会悲叹，因为洁白的丝放到什么颜色里就会变成什么颜色。因此，颜之推郑重指出："君子必慎交游焉。"他告诫子孙：与人交往一定要慎重！

颜之推反复倡导要尊重贤才、慕求贤才，并对损贤、害贤的行为予以抨击，他的人才观直至今日仍然是发人深省的。

四、融佛于儒

在颜之推生活的时代，佛教日益深入人心。那时，由于战乱频繁，朝代更迭，以致民不聊生，许多人都开始或多或少地受到佛教超脱人世痛苦的教义的影响，崇佛成了当时的一种社会风尚。除一些极力反对佛教的统治者外，魏晋南北朝的历代统治者大都在不同程度上对佛教加以提倡和利用。在统治者的带领下，上自王公贵胄、世家大族，下至平民百姓，都加入了崇佛的行列，佛教的发展盛极一时。

颜之推是信奉儒学的，其思想中的主旋律仍然是儒家思想，比如忠孝节义、慕贤修身、好学务实等等。然而，他遭逢乱世、身历四朝的特殊经历，也使得他对人生又有着独到的体验，又成为佛教的捍卫者。在颜之推看来，佛典比儒学还要博大精深，佛教中的辩才及智慧，是儒家七经和诸子百家所无法比拟的，佛教的最高境界更不是尧、舜、周公、孔子之道所能企及的。他指出："原夫四尘五荫，剖析形有；六舟三驾，运载群生；万行归空，千门入善，辩才智惠，岂徒七经、百氏之博哉？明非尧、舜、周、孔所及也。"颜之推看到只用儒家学说是解救不了动乱的局面的，而佛教中则有种种修行，可让众生皈依于空，有种种法门，可使人向善，从而减轻人们精神上的痛苦。他在《归心》篇中列举了世俗对佛教的五种指责，并一一进行驳斥。

第一，人们认为佛教所讲述的是现实世界以外神秘怪诞的事，这些都是无法掌握的。而颜之推则认为，在有关自然现象的看法上，儒家有许多不如佛教的地方，而人们之所以不能接受佛教的某些观点，完全是因为眼界有限而已。就如同江南的人不相信有能容纳千人的毡帐，而北方人则不相信有容纳两万斛的大船，是一样的道理。颜之推由此提出了事不亲验、并非必无的观点。

第二，人们认为人世间的吉凶祸福未必有相应的报应，佛教所言的因果报应是欺骗众人的。颜之推认为报应的时间或许有早晚之分，但最终还是会得到报应。为此，他接连举了几个例子来说明因果报应。比如，梁元帝在江州的时候，望蔡县（今江西宜春上高县）县令因遇叛乱暂居寺庙。老百姓给他送来了一头牛和几缸酒。于是县令搬掉佛像，在佛堂上宴请宾客。当牛快被宰杀的时候，那头牛突然挣脱绳索，直奔到县令面前向他跪拜，那神情分明是在求县令不要杀它。可这个县令竟然哈哈大笑，让侍从把牛拉下去杀了。县令酒足饭饱后，就躺在屋檐下睡着了。一觉醒来，县令忽觉浑身瘙痒，再一看，竟然起了一身疙瘩，因此便得了恶疮。再如，杨思达做西阳（今湖北黄冈）郡守时，恰遇侯景叛乱，又逢水患，百姓无以为生，饥饿难耐，只得去偷官田里的麦子。杨思达便派一个手下去看守麦田。结果这个手下只要抓到偷麦子的人，二话不说，就把人的手砍了。就这样，有几十个人都被残忍地砍掉了手腕。后来，这个手下生了一个没有手的儿子。颜之推在他的另一部作品《还冤志》中，更是记录了数十个古今冤报故事，反映了他对因果报应坚信不疑的思想。颜之推不惜笔墨用大量的实例来教育子女，要相信因果报应，一个人的善行恶行决定了会招致的福与祸，故而要戒杀戒贪。

第三，人们指责寺庵为藏奸纳垢之地，很多和尚、尼姑品行不端。颜之推认为自从盘古开天辟地以来，就是不善的人多，善良的人少，僧尼同样也有好有坏，就如同那些学《诗经》《礼记》的士人，朝廷的官员，不也同样有好坏之分吗？所以，人们不应看到德高望重的名僧置之不理，而一看到凡庸的僧尼就加以诋毁。

第四，人们认为僧尼耗费国家钱财，而又不纳税，不服役，损害了国家的利益。颜之推则认为这是执政者不节制佛事造成的。在他看来，修持佛教的方法有很多种，不一定要落发为僧，不事生计。他认为如果能把忠孝放在心上，以仁爱施惠为立身之本，同样可以修持佛教，而出家仅仅是其中的一种方式而已。

第五，佛教认为今生与来世存在着因缘关系，今生辛苦劳作便可换得来世幸福，但人们认为今生与来世分明是两个不同的概念。颜之推对此做了这样的解释，他认为人的形体虽然死了，但精神仍然存在，人之所以看不到，是因为没有洞察万物的天眼。人们可以为身边的亲人辛苦操劳，又怎么能不善待自己的灵魂呢？

然而，颜之推倾心佛教，却并没有出家为僧。他的家庭及他所处的环境，都使得他摆脱不了儒学的影响。事实上，他始终在力图调和儒学和佛教的关系，使二者可以融通。他认为："内外两教，本为一体，渐积为异，深浅不同。内典初门，设五种禁；外典仁义礼智信，皆与之符。仁者，不杀之禁也；义者，不盗之禁也；礼者，不邪之禁也；智者，不酒之禁也；信者，不妄之禁也。至如畋狩军旅，燕享刑罚，因民之性，不可卒除，就为之节，使不淫滥尔。归周、孔而背释宗，何其迷也！"在他看来，佛儒原本就是一体的，只是由于两者在悟道的方式等方面有所不同，才导致境界的深浅差异。比如佛教有五戒，儒家有五常。五戒是不杀生、不偷盗、不邪淫、不酗酒、不妄言，这五种禁戒正与儒家的仁、义、礼、智、信相对应，因此，佛教的教义并不违背儒家的纲常，二者在伦理上是一致的。故而，他提倡既要尊崇周公孔子之道，又不可违背佛教宗义。

尽管《归心》篇全篇是在宣扬佛教，但在行文中却不时流露出儒家思想的痕迹。比如，他在教育子女不要杀生时，是以儒家的"君子远庖厨"的观念来展开的。他笃信因果报应，而最终的目的是要子女们把它作为一种信念来立身处世。他相信身死魂在，劝诫子女要为来世的幸福架好桥梁，而最终的着眼点则是勉励子女须知人生宝贵，不可虚度。这足以说明颜之推信奉佛教而更重视今生的修身、齐家、治国、平天下。这正体现了他力图融通佛儒的思想。

《归心》篇历来备受佛教徒追捧，而多遭儒士非议，后世刊行《家训》时，有的版本还删除了此篇。《归心》篇集中体现了颜之推对佛教的理解和认识，尽管其中有些看法在今天看来有些荒谬，但《归心》篇的存在却有助于后人了解南北朝时期佛教的发展状况，以及当时士人对佛教的理解与接受情况，尤其是融通佛儒的思想反映出了那一时代思想家的共识。

第 10 章

对立矛盾的保身观

一、"不屈二姓"与"何事非君"

颜之推在《文章》篇中写了这样一句话："不屈二姓，夷、齐之节也；何事非君，伊、箕之义也。"意思是说，不屈身于另一个朝代，这是伯夷、叔齐的节操；任何君主都可以侍奉，这是伊尹、箕子所持的道义。这里的伯夷、叔齐与伊尹、箕子都是商朝人，他们的事迹对后世影响深远。

伯夷和叔齐是商代孤竹国国君的两个儿子。周武王灭商建周，统一了全国。而伯夷、叔齐却以食用周朝的粮食为耻辱，双双逃到了首阳山，以野草为食，最终饿死于山中。宁肯饿死也不食周粟，展示出他们不事二君的气节。伊尹和箕子采取的则是与之截然相反的作法。伊尹曾助商汤讨伐夏桀，以天下为己任，被商汤尊为宰相。汤死后，他又先后辅佐外丙、中壬二王。中壬死后，汤的孙子太甲即位，破坏汤所建立的法制，伊尹遂将太甲放逐到桐宫。三年后，太甲认识到自己的错误，深悔自己曾经的所作所为，于是伊尹又迎其复位。箕子是纣王的

127

叔父，因其封于箕，所以被称为箕子。纣王暴虐无道，箕子屡谏不纳，有人劝箕子离去，箕子说："为人臣，谏不听而去，是彰君之恶而自悦于民，吾不忍也。"因此，箕子始终不肯离去，只得佯装疯癫，鼓琴以自悲。纣王见此，以为箕子真疯了，就把他关了起来。武王灭商建周后，释放了箕子，并向箕子请教治国之道，然而，箕子不愿留在周朝，于是带领遗老故旧东渡到朝鲜，创立了箕子王朝。《尚书大传·洪范》中记载：周武王灭殷封箕子于朝鲜，箕子朝鲜侯国正式成立。也就是说，箕子建立朝鲜王朝，实际上还是受封于周的。

颜之推一方面赞赏"不屈二姓"的气节，另一方面又不否定"何事非君"，显露出其思想中的纷乱与矛盾。从颜之推思想的主流来看，他主张忠于一君，不轻易转事他主，在"勉学"篇中他曾大加赞赏北齐少年田鹏鸾。

田鹏鸾是一个少数民族的少年，在他十四五岁时，被选入宫中做了太监。田鹏鸾特别喜欢读书，随身总是带着书本，一有空儿就拿出来读一读。那时他所处的地位是很低下的，差役十分辛苦，但只要一有机会，他就向人请教询问。颜之推当时正在文林馆任职，田鹏鸾得空就往文林馆跑，每次来到时都是气喘吁吁，汗流浃背。一见颜之推，就马上请教书上的问题，问完了就转身往回跑，根本没有时间说别的话。颜之推发现，每次一讲到古人重节操讲情义的事时，田鹏鸾总是十分激动，感慨万端，颜之推也因此倍加喜爱他，尽心尽力对他勉励教导。后来，田鹏鸾得到了齐王的赏识，赐名敬宣，升职为侍中开府，也就是掌管朝廷门禁的官。周武帝率军伐齐，北齐后主高纬逃奔青州，派田鹏鸾去西边侦察情况，不幸被北周军俘获。周军逼问他齐主在哪里，田鹏鸾镇静地说："早已经离开了，估计应该出国境了。"周军哪里肯信，决定严刑逼供。周军对田鹏鸾使用了极其残忍的手段，每打断他四肢中的一肢，问他一次，然而田鹏鸾毫无惧色，每断一肢，其言语神态就更加坚定，终因四肢断裂而死。在颜之推看来："蛮夷童丱，犹能以学成忠，齐之将相，比敬宣之奴不若也。"一个少年都能至死不改对君主的忠诚，尽忠报国，而北齐的一些将相却难望其项背。不独如此，颜之推对在侯景之乱中吴郡太守张嵊虽为贼所害，却刚正不屈以及鄱阳王世子夫人谢氏不屈于敌，登屋顶怒骂，被射毙命的壮举也非常敬佩。可以说，这些人在他心目中都是忠于一君、杀身成仁的典范。同时，颜之推对屈膝侍奉他主，而又改变自己立场的人十分鄙夷。他举例说，东汉文学家陈琳在袁绍手下时，曾作声讨曹操的檄文，檄文中把曹操称作豺狼。后来袁绍战败，陈琳转投曹操麾下，写檄文时又将袁绍骂成毒蛇。这种见风使舵、不讲节操的行为是颜之推所不齿的。

然而，颜之推又提出了"何事非君"的主张，即任何君主都可以侍奉，而且他为此找到了一个很好的理由，那就是战乱频仍的客观环境。自春秋以来，卿大夫的家族奔窜流亡，有些诸侯国被吞灭，致使君臣之间已经失去了固定的名分，侍奉哪一个不都一样吗？但颜之推为"何事非君"所举的代表人物——伊尹和箕子，从历史史实看，并不能佐证其"何事非君"的论点。伊尹虽侍奉几代君王，但毕竟都是商君；箕子虽受封于周，却并没有转事周王，而保持着独立性。从这里我们也可以看出颜之推思想中的矛盾之处，他虽然提出"何事非君"，但却坚决不会用陈琳这样的人来做论据，在他的思想中，忠于一君的思想始终是主旋律。

无奈的是，颜之推始终无法回避他自己历任萧梁、北齐、北周和隋四朝，既能为旧朝效忠，也可为新朝尽力的事实。为此，颜之推提出了"竞己栖而择木"的观点，他在《家训》最后一篇《终制》篇中做了这样一番解释："计吾兄弟，不当仕进；但以门衰，骨肉单弱，五服之内，傍无一人，播越他乡，无复资荫；使汝等沉沦厮役，以为先世之耻；故腼冒人间，不敢坠失。兼以北方政教严切，全无隐退者故也。"他认为他们兄弟本来是不应该再求官任职的，但是由于家道衰败，至亲孤单势弱，亲戚之中也没有人可以依傍。又遭逢战乱，背井离乡，不可能再借门第或者是资历来庇护子孙。倘使儿孙们因此而沦落到为奴作婢的命运，那岂不是祖先的耻辱？所以为了保全颜氏家族的地位，为了子孙后代的幸福，颜之推才混迹于官场，终未辞官。当然，北朝纪法严整，不允许辞官，这也是原因之一。

《终制》篇可以说是颜之推的遗嘱，也是他对自己一生的反思，以上这番话更是颜之推的真情告白，这并不是对他自己"何事非君"的开脱，而是真实地表达出他内心的矛盾与无奈。因为他毕竟背离了自己"不屈二姓"的主张，但却表明了他把家族利益、功名仕途看得异常重要的思想，他用自己的含羞忍耻换来的是后代的幸福，他把自己的人生理想寄托给了未来，这正是他面对现实做出的抉择。

事实上，颜之推的这种思想矛盾表现在很多方面，比如他提倡"舍生取义"，而又教育子女要珍惜生命，谨记"人生难得"；他信奉儒学，而又推崇佛教；他极力维护士族地位，但又不满士族阶层的腐败，等等。而这些矛盾现象的产生，正是南北朝时期纷乱复杂的社会格局造成的，它使得那一时期以颜之推为代表的知识阶层的士大夫在思想和心态上发生着微妙的变化。

二、欲不可纵，志不可满

颜之推在《家训》的写作中，始终是以儒家思想作为其思想主旨的，无论是忠君教子、孝悌治家、慕贤修身、好学务实，抑或是涉务处世，都继承了传统的儒家道德学说。其中，儒家调和适度、不偏不倚的中庸思想对颜之推有着很深的影响。

颜家祖训："汝家书生门户，世无富贵，自今仕宦不可过二千石，婚姻勿贪势家。"这是颜之推的九世祖颜含留给子孙们的训诫。大司马桓温想与颜含联姻，但颜含考虑到桓温负气好名，权势太盛，唯恐他将来一旦获罪，自己必然受其连累，所以没有答应桓温联姻的要求。并由此告诫子孙：今后不可担任俸禄超过二千石的官职，更不可与有权有势的人家联姻。颜之推把先祖的这番话当作了至理名言，终生信奉。

《礼记·曲礼上》说："欲不可纵，志不可满。"欲望不可放纵，志向不可盈满，颜家祖训正是与此相一致的。颜之推更是进一步告诫子孙要知足少欲。在他看来，"人生衣趣以覆寒露，食趣以塞饥乏耳。形骸之内，尚不得奢靡，己身之外，而欲穷骄泰邪？"人生在世，有衣能御寒，有食能充饥，就已经可以了，没有必要再奢侈浪费。周穆王、秦始皇、汉武帝都富有四海，贵为天子，而他们却不知满足，不知寡欲，结果必然要给自己招来灾祸。连皇帝都无法避祸，又何况平民百姓呢？颜之推身处乱世，亲眼看到太多的人乘乱而起，侥幸富贵，而须臾之间却又落得死无葬身之地。因此，他在祖训的基础上对子孙们提出了更为具体的要求。

先说做官："仕宦称泰，不过处在中品，前望五十人，后顾五十人，足以免耻辱，无倾危也。高此者，便当罢谢，偃仰私庭。"颜之推是严格按照古训的。他要求子孙做官官位不要超过中等品级，具体地说，就是向前看有五十人，向后看也有五十人，他认为能够站在中间就是最安全的。如果超过这个标准，最好把官辞了，回家安度晚年。

再说日常生活："常以二十口家，奴婢盛多，不可出二十人，良田十顷，堂室才蔽风雨，车马仅代杖策，蓄财数万，以拟吉凶急速，不啬此者，以义散之；不至此者，勿非道求之。"家庭规模要限制在二十口之内，奴仆不可以超过二十人，良田只需十顷，房屋只求能够挡风遮雨，车马能代步即可，不需太豪华。至于钱，是不能不存的，但也无须太多，有个几万就够了。存钱的目的主要是为了应付婚丧嫁娶这些必要的事。如果家里钱太多了，就捐了吧；不过要是达不到这个数，也不可以利用不正当的手段去赚取。

颜之推告诫子孙知足少欲，永远处于中游，以保全自身。他的这一观点更是对那些贪得无厌、穷奢极欲者的警戒。当然，他对子孙提出的具体要求与那些贪婪成性的蛀虫相比，是非常值得嘉许的，但事实上他的这个标准已远远超过了平民百姓的生活水准，这说明颜之推还是站在名门士族的水平线上来看待"知足少欲"的。

如果说知足少欲是要为自己的欲望划定一个界限，那么在为人处世、求学为官上则更应该有一个适当的"度"。

颜之推引用周朝太庙里铜人背上刻着的一句话："无多言，多言必败；无多事，多事多患。"总之，多一事不如少一事。颜之推为人处世的哲学是心肠不可过热，不能像墨子那样无原则地"兼爱"；但也不可过冷，不能像杨朱那样一心"为我"。

而是应该以仁义为标准来节制自己的言行。颜之推明确指出："为善则预，为恶则去，不欲党人非义之事也。凡损于物，皆无与焉。"看到别人做好事，就要去帮助；看到别人干坏事，就要马上离开。这个道理其实很简单，看到别人打架斗殴就加入其中，必然也会被打伤的。颜之推的这一观点看似明哲保身，但实际上他也有自己的是非观。他反对子孙参与的是那些对他人有害的事情，比如，犯上作乱的行为，他认为是不忠不孝，绝不可参与。还有就是不讲原则、只讲义气的游侠行为也是他极不赞同的。然而，仗义行事，急人之难，收留那些视死如归的勇士则是他所认同的。为此，他举了几个古人仗义救人的例子。春秋时，伍子胥的父亲和兄长都被楚平王杀害了，伍子胥只身逃出楚国，欲奔往吴国。行至中途，忽遇大江拦道。当时，江上有一渔翁驾着一条小船，伍子胥横下一条心来，向渔翁说明了真实身份，渔翁听后，毫不犹豫地把伍子胥渡过了江。后来伍子胥率吴兵破楚，而这一切皆得益于那位渔翁的仗义之举。此外，像孔融藏匿张俭，孙嵩藏匿赵岐，等等，在颜之推看来这些行为都是值得尊重的。"然而穷鸟入怀，仁人所悯；况死士归我，当弃之乎？""前代之所贵，而吾之所行也，以此得罪，甘心瞑目。"为了保护正义之士，即使因此而获罪，也心甘情愿，这就是颜之推的做人准则。

在治学方面，颜之推提倡"精"，而反对"杂"，古人云："多为少善，不如执一；鼫鼠五能，不成伎术。"意思是说，干的种类多而成功的就少，不如专心干好一件事。鼫鼠虽有五种本事，却没有一项技能有用。颜之推进一步举实例说明："近世有两人，朗悟士也，性多营综，略无成名，经不足以待问，史不足以讨论，文章无可传于集录，书迹未堪以留爱玩，卜筮射六得三，医药治十差五，音乐在数十人下，弓矢在千百人中，天文、画绘、棋博，鲜卑语、胡书，煎胡桃油，炼锡为银，如此之类，略得梗概，皆不通熟。惜乎，以彼神明，若省其异端，当精妙也。"所以，颜之推认为，与其面面俱到，掌握多种才能，而每一项才能都处于一知半解状态，还不如舍弃其他爱好，专攻一个专业，使其达到精妙的地步。不过就今天的观点来看，国家既需要专精一门的专家，也需要一专多能的复合型人才，二者其实并无优劣之分。

为官方面，颜之推针对北齐末年不少人通过行贿或关系去争取官位的现象，指出："君子当守道崇德，蓄价待时，爵禄不登，信由天命。须求趋竞，不顾羞惭，比较材能，斟量功伐，厉色扬声，东怨西怒；或有劫持宰相瑕疵，而获酬谢，或有喧聒时人视听，求见发遣；以此得官，谓为才力，何异盗食致饱，窃衣取温哉！世见躁竞得官者，便谓'弗索何获'；不知时运之来，不求亦至也。见静退未遇者，便谓'弗为胡成'；不知风云不与，徒求无益也。凡不求而自得，求而不得者，焉可胜算乎！"他认为君子应坚守信仰和道德，等待时机。北齐末年，奔走钻营谋取官位的人比比皆是。有的人抓住宰相的缺点，以此相要挟，而获得官位；有的人扰乱视听，趁乱求得被任用；有的人用钱财买通皇族外戚以得官。而靠这些不正当的手段得到官位的人，虽能富贵一时，却终究会祸及自身。因为这些人本来就是用财物买来的官，他们做官后难免染上仕途恶习，必然还会因财物招来祸患。有的人虽侥幸免于一死，但也几乎耗尽了全部财产。正所谓"既以利得，必以利殆"。故而，颜之推主张要"信由天命"，不可强求。毋庸讳言，这种思想是消极的，但它却有力地批驳了那些热衷名利、不顾礼义廉耻之徒。同时，他的观点从另一个角度看，正符合那句人们熟知的名言："机遇只留给那些有准备的头脑。"

故而，如何求官也是有一个"度"的，这个"度"就是君子的信仰和道德，只有修身利行，提高自身的学术水平和道德水准，名利才能不求自来。

三、现实养生观

养生对于现代人来说是一个很时髦的词，什么中医养生、运动养生、调气养生、气功养生、心理养生，还有按四季划分的春季养生、夏季养生、秋季养生、冬季养生，以及按年龄、性别划分的老年养生、中年养生、男士养生、女性养生等等。健康长寿是人类始终追求的目标，从古至今，无论皇帝大臣，还是平民百姓，都在践行着各自的养生之道。颜之推在他的《家训》中写了《养生》一篇，以他的所见所闻及亲身经历提出了自己独特的养生观。

孔子在谈到养生时曾提出过"君子有三戒"，即"少之时，血气未定，戒之在色；及其壮也，血气方刚，戒之在斗；及其老也，血气既衰，戒之在得。"意思是说，年轻的时候，身心还没有发育成熟，因此不可迷恋女色；壮年的时候，体魄强壮，精力旺盛，切忌争强斗胜；到了老年，身心渐渐地疲惫衰弱，绝不可以贪得无厌。可见，孔子是按照年龄的不同提出的养生之道。庄子在《养生主》中专门讨论养生的问题。他提出了顺应自然、忘却情感、不为物累三个观点。他的观点是以"出世"的哲学思想为指导的，虽然有些消极，但对保持身心健康还是有一定意义的。而颜之推提出的养生观则是与现实紧密联系的，他的许多观点对现代人来说仍有借鉴意义。

颜之推所处的时代正是求仙炼丹十分盛行的时代，但他并不推崇修道成仙。不过，他也没有把脱离尘世、修道成仙完全否定，而是从现实出发，指出了人们摆脱尘世的不可能性。他认为人在小的时候要服侍父母，长大了，成家了，又要忙于生计，养活妻子儿女，怎么可能隐居山林去修道呢？再说，炼丹可不是一笔小的开销，备齐炼丹所需之物可不是平民百姓能做到的。一没闲，二没钱，还谈什么修道成仙呢！所以，颜之推告诫子孙们从现实出发找寻一条适合自己的养生之道。

颜之推的养生之道说起来并不复杂，就是要按照个人所处的地位、环境等条件，适当地调养和节制，具体地说就是要爱惜身体，保养精神，调理气息，定时起居，适应天气的变化，重视各种饮食的禁忌，另外，适当服用一些药物，就应该可以健身长寿、颐养天年了。他的这种养生观是一种面对现实的养生观念，尤其是他提出的要重视饮食的禁忌，对现代人颇有启发。其实，我们日常吃的食物中有很多都是有禁忌的，饮食与季节、地域都是息息相关的。很多人都知道，患有糖尿病、高血压的人吃东西有禁忌，但人们却忽略了健康人吃东西同样有禁忌。以水果为例，各个季节吃的水果应该是不同的，因为水果有寒热之分，因此，不同的季节要吃不同的水果，要顺应自然规律。比如，西瓜、香蕉都是比较寒凉的水果，应该在夏天吃，而不应该在冬天吃。但是，现在各种水果一年四季都能吃到，人们也就不分季节地吃了起来。俗话说，一方水土养一方人，而现在交通发达了，什么地方的水果都能吃到。北方人吃南方的水果，南方人吃北方的水果，这已经成了一种时尚。而实际上，这同样是忽略了饮食的禁忌，对人们的身体健康是不利的。

颜之推谈到养生时，特意提到了服药物来养生。他举例说，南朝梁有一个叫庾肩吾的人，经常食用槐树的果实，都七十多岁了，眼不花，耳不聋，头发乌黑发亮。他还说，邺城有些朝官，服用杏仁、枸杞、黄精、白术、车前等草药，也是受益良多。这一点与现代人的中药养生观念也很相似。比如，现在很流行的养生药膳，日常饮用的中草药泡的茶，都与颜之推提出的药物养生不谋而合。难能可贵的是，颜之推还是一位讲求科学性的人，他可不是让子孙们乱吃药，而是推荐了一本书，就是陶弘景的《太清方》。这本书中收录了诸多药方，十分完备。他建议，如果要服药，一定要好好看一看药方，认真挑选，不可以随便服用，否则就会适得其反。为此，他还举了一个实例。一个叫王爱州的人，由于过度食用松脂，结果死于肠梗阻。颜之推所举的这些事例也为现代人敲响了警钟。事实上，在药膳、药茶流行的今天，学一些医药知识以避免盲从，是非常必要的。

另外，颜之推还十分推崇一些简单易行、安全可靠的锻炼方法。比如，每天早上起来叩齿三百次，就可以治牙病。这一方法来自于葛洪《抱朴子》一书，而且是经过他亲身实践的。颜之推就是长期坚持叩齿，治好了牙齿松动、遇冷遇热疼痛的毛病。这样的健身方法的确是有益无害的。

颜之推现实的养生观除了表现在方法的现实性上，还反映在他的保身观念上，即"以德养生"的思想。他认为："夫养生者先须虑祸，全身保性，有此生然后养之，勿徒养其无生也。"在他看来，养生的首要条件是保身，就是说要保证人身不被自然灾害或社会横祸所伤。一句话，要是连命都丢了，还谈什么养生啊！正所谓"皮之不存，毛将焉附"。因此，做人应该谨言慎行，不可傲慢张扬，更不要贪财好色，这样才能趋吉避祸，保全生命。但同时，颜之推又辩证地提出了"夫生不可不惜，不可苟惜"的观点，他认为生命不能不珍惜，但绝不可苟且偷生。这一观点与匈牙利爱国诗人裴多菲的那首在全世界广为传颂的诗篇有异曲同工之妙。"生命诚可贵，爱情价更高。若为自由故，两者皆可抛。"不过，颜之推可比裴多菲早了一千三百多年呢。颜之推历经战乱，看到一些王公将相、贤明之士为求苟活难以坚守操行，苟且偷生，却也未能避祸，而一些小人物却能舍生取义，甚觉悲哀。他由此便提出了这句至理名言。作为一个人，不可贪欲而伤生，但为了"忠孝""仁义"而舍弃生命，则应该是义无反顾的。这既是他的养生观，也是他的人生观。

四、琴棋书画

古代的读书人，把读经书阅史籍作为必修的功课，视为一生的追求，而将除此之外的一些技能，如琴棋书画、算术、医学、娱乐游戏等全都认为是"杂艺"。颜之推在《家训》即将收尾时，写了《杂艺》一篇，对与文人有关的十一种杂艺提出了自己独到的见解。

常言说："字如其人。"江南也有这样一句谚语："尺牍书疏，千里面目也。"意思是说，一封小小的书信，就是千里之外的人看到的你的形象。所以，颜之推对书法是相当重视的。"真草书迹，微须留意。"颜之推从小受家庭熏染，十分喜欢书法，也曾经很努力地临帖练习，然而，他认为对书法的学习不可太精，只要字写得比较漂亮，不至于被人耻笑就可以了，否则会为书法所累。他的理由是"巧者劳而智者忧"，技艺精巧的人必然会劳累多多，有智谋的人必然会忧虑多多。因此，以善书法自命的人往往会被人驱使。他举例说，在书法界享有盛誉的王褒，门第显贵，学富五车，在梁都江陵陷落后，投奔北周，到那里后他被授为车骑大将军仪同三司，甚受恩宠。但由于他擅长书法，经常奔波跋涉于碑碣之间，劳累辛苦于笔砚之中。他曾经后悔地说："如果我不懂书法，也就不会落到今天这个地步了。"当然，颜之推也认为有些地位卑微的人，因精于书法而被提拔，这种现象也是有的，不过，这是人的追求不同罢了。同时，颜之推还发现了一个现象，那就是在书法上成就过高的人，往往因此而掩盖了他其他的优点。比如，天下只知道王羲之是书法大家，却不知他既英俊潇洒，又颇有才华。故而，颜之推告诫子孙："此艺不须过精。"书法可以练习，但绝不可以善书法自命。

绘画同样是颜之推比较推崇的，这或许是由于自古许多知名的文士都具有绘画的才能所致，颜之推还收藏有梁元帝亲手画的蝉雀白团扇和马图。然而，与他对书法的态度如出一辙，他同样不希望子孙们精于此道。尤其是没有达到高官之位时，往往会陷入被人呼来唤去的境地。比如，吴县的顾士端和他的儿子顾庭都精于绘画，因为常常被梁元帝叫来画画，父子二人不免深感羞愧和怨恨。彭城的刘岳，是位既有才又豪爽的人，尤其是在绘画方面无与伦比。后来，他跟随武陵王萧纪到了西蜀，不幸武陵王的军队在下牢失利，结果刘岳便被陆护军遣去画支江寺的壁画，与工匠们混杂在一起。在颜之推看来："向使三贤都不晓画，直运素业，岂见此耻乎？"倘若这三人都不精于绘画而专心研究儒学，又怎么会受此耻辱呢？

除了书、画，弹琴鼓瑟，也是颜之推认为不可过于精通的技能。在古代，弹琴鼓瑟一直被认为是怡情悦性、陶冶情操的一个重要手段。《礼记·曲礼下》说："士无故不彻琴瑟。"就是说，士大夫无故是不撤除琴瑟的。古代的名士大都擅长此道。梁朝初年，士大夫的子孙中如果有不会弹琴的，就会被认为有所欠缺。而到了梁武帝大同末年，爱琴的风气又荡然无存。不过，颜之推还是秉承传统，认同音乐的雅趣意味。子孙们弹弹琴，放松一下心情，宣泄一下郁闷，倒是无可厚非，但"唯不可令有称誉，见役勋贵，处之下坐，以取残杯冷炙之辱。戴安道犹遭之，况尔曹乎！"意思是说，不可在这方面让人赞美，否则就会沦为权贵把玩的工具，以琴艺讨一些残羹剩饭，受人侮辱。

颜之推虽认可书、画、琴的娱情功能，但却反复告诫子孙不可精于此道，以避免为权贵驱使之辱。这与今天的父母千方百计让孩子精通琴棋书画等多种技能形成了强烈的反差，而这种观念的不同是有其时代因素的。我们今天的教育理念提倡的是素质教育，鼓励学生多方面发展，尤其是社会对艺术的重视，使各类艺术辅导班层出不穷，家长则更是不遗余力地去培养孩子在艺术方面的才能；而古代社会，书法、绘画、琴瑟等艺术均被视为玩物，而身怀这些技艺的名家难免被帝王及其权贵驱使，遭到种种不公正的待遇。所以，颜之推如此反复叮咛，是不无道理的。

"卜筮者，圣人之业也；但近世无复佳师，多不能中。"关于占卜之术，颜之推认为是无比高尚的，是圣人的职业。但他对近世的占卜却并不认同。颜之推分析："古者，卜以决疑，今人生疑于卜；何者？守道信谋，欲行一事，卜得恶卦，反令�忕，此之谓乎！且十中六七，以为上手，粗知大意，又不委曲。凡射奇偶，自然半收，何足赖也。"古代的人占卜是为了决断疑惑，而如今的人的疑惑却是因占卜产生的。本来计划了去做某事，而且坚信此事是对的，结果一占卜，得了个恶卦，反而心中不安，这样一来，还不如不去占卜。这并不是因为占卜不灵验，而是因为当时缺乏好卦师，所以大多数卦都难以卜中。一般来说，如果十次能卜中六七次，就算是非常棒的卦师了，即使卜中，占卜者也只是知道个大概意思，根本无法详细解释。其实这种卜中的概率就像猜单双数，有什么可信的呢？颜之推倒也读过不少有关占卜的书，但是经过他反复研究之后，觉得也没什么效验，后来便不再读这些书了。颜之推是相信占卜的，不过他相信的是圣人的占卜，而不是当时的卦师。因为他认为流传下来的这些占卜书，大多出自凡俗平庸人之手，真有效验的已经极少，书中充斥的多为荒诞妄说。此外，因精于占卜之术者往往多灾多难，故而他告诫子孙不要学习此术。他还告诫子孙不要过分拘泥于种种禁忌，比如，反支日不得离家，可有人老老实实在家里待着反被人杀了；归忌日不得归家，可有人寄宿在外还是被害。所以忌讳太多也没有什么好处，还是应该顺其自然，正所谓："拘而多忌，亦无益也。"颜之推处于迷信盛行的时代，却能够提出不要盲从禁忌，是十分难能可贵的。

关于算术和医学，颜之推都主张："然可以兼明，不可以专业。"即浅尝辄止，不可作为专业。

学会射箭的用处很多，古代的帝王以射箭来挑选贤才，北方的文士在宴会上常以射箭来分赏赐，南方的士大夫还把射箭当作游戏。当然，最重要的是学会射箭可以用来防身。不过，颜之推正告子孙："虽然要轻禽，截狡兽，不愿汝辈为之。"意思是说，不可用箭去射飞禽走兽。

至于博弈、投壶、弹棋等游戏，颜之推认为："消愁释愤，时可为之。"在他看来，这类游戏是可以偶尔玩玩的，因为玩玩游戏，总比吃饱了就睡或者坐在那儿发呆强。围棋尽管是非常高雅的游戏，"但令人耽愦，废丧实多，不可常也。"下围棋耗时太长，容易使人沉溺于其中，所以他告诫子孙不可经常下围棋。

颜之推洋洋洒洒记载了十一种技艺、游戏的流变和发展，并一一指点，谆谆告诫。这篇《杂艺》既是儒家正统思想的体现，更蕴含着颜之推对后代子孙的眷顾和关爱之情。

五、保身自全

综观《家训》诸篇，处处令人强烈地感受到颜之推保身自全的思想，无论是《省事》《止足》，还是《养生》《诫兵》，甚至在他的治学观中，都念念不忘告诫子孙要避祸全身。

颜之推身为人臣，但对于向君主上书陈事这一举动却近乎持反对态度。他把靠言论来谋求利禄的人分为了四类："原其体度：攻人主之长短，谏诤之徒也；讦群臣之得失，讼诉之类也；陈国家之利害，对策之伍也；带私情之与夺，游说之俦也。"一是指责君主过错的，被称作谏诤之臣；二是批评群臣得失的，被称作好讼之辈；三是陈说国家利害的，被称作对策之徒；四是利用私交说动君主的，被称作游说之士。颜之推认为这四种都属于靠出售诚心和言论来换取高官厚禄的。所谓"总此四涂，贾诚以求位，鬻言以干禄"。在颜之推看来，"或无丝毫之益，而有不省之困，幸而感悟人主，为时所纳，初获不赀之赏，终陷不测之诛，则严助、朱买臣、吾丘寿王、主父偃之类甚众"。向君主献书言计对自己没有丝毫益处，最有可能的就是君主根本不理解你的一片苦心，因而降罪于你；倘若侥幸被君主理解并采纳，得到了高额奖赏，因此而升了官或受到了君主的重视，但最终还是难免陷于无法预测的诛杀。颜之推的观点，似有贪生怕死之嫌，但从另一个角度讲，这倒是对"伴君如伴虎"的最好的诠释。故而，"今世所睹，怀瑾瑜而握兰桂者，悉耻为之"。颜之推认为真正德才兼备的人是不干这种事的。在他眼中，上书言事的有两类人："守门诣阙，献书言计，率多空薄，高自矜夸，无经略之大体，咸秕糠之微事，十条之中，一不足采，纵合时务，已漏先觉，非谓不知，但患知而不行耳。或被发奸私，面相酬证，事途回穴，翻惧愆尤；人主外护声教，脱加含养，此乃侥幸之徒，不足与比肩也。"一类是浅薄无才之辈，说来说去都是一些鸡毛蒜皮的琐事，十条建议中没有一条值得采纳；另一类人就更不值一提了，竟是一些包藏私心者，一旦被揭发，或被治罪，或侥幸得免，总之，颜之推是不屑与之为伍的。

历史上历来都是赞扬那些不怕得罪君主而直言进谏的忠臣，而颜之推却对此行为大加批驳，这固然与其保身自全的观念有关，但也不可否认，在颜之推所处的那种动乱年代，上书言事者大多是一些才疏学浅，毫无治国经略，只靠自我吹捧混日子的人，或者是通过上书言事达到自我目的的人，这种混乱的局面，使颜之推对上书言事极为反感。

不过，颜之推并没有完全否定上书言事这种行为。他为上书言事划了一个界限："谏诤之徒，以正人君之失尔，必在得言之地，当尽匡赞之规，不容苟免偷安，垂头塞耳；至于就养有方，思不出位，干非其任，斯则罪人。"如果身处谏诤之臣的位置，你的任务就是要纠正国君的过失，那你就不能苟且偷安，该说话时就得说话；倘若你不在此位，那还是闭嘴吧。他的这一思想源自孔子，《论语》说："未信而谏，人以为谤己也。"这就是说，你还没有取得君主的信任就去进谏，君主肯定会以为你在毁谤他。《礼记》中也有类似的观点："事君，远而谏则谄也；近而不谏，则尸利也。"意思是，如果你和君主的关系比较疏远，就是那种根本说不上话的关系，去进谏，看上去就很像谄媚；如果你和君主的关系特别密切，而不去进谏，这就是失职了。总之，是否进谏，先要自己掂量一下本身的位置，当讲则讲，不当讲就别说话了，越俎代庖的事情是不能干的，否则难免获罪。

尽管颜之推的观点在历代为民请命、冒死进谏的忠臣面前显得毫无分量，但遇事三思而后行、审时度势也不失为明智之举。

在对待军事问题上，颜之推避祸全身的思想则更加鲜明地表现了出来。毋庸置疑，颜之推重文轻武，他极力反对子孙后辈舞枪弄棒。他不厌其烦地为子孙列出了颜氏家谱，"世以儒雅为业，遍在书记"。他首先宣称颜氏的祖先世世代代都以儒学为业，祖先们从事的工作包括文字、书籍、文章等方面的撰写、编辑整理等。孔子门下七十二弟子，其中颜姓的就占了八人，最著名的就是颜回了。其余的还有颜无繇、颜幸、颜高、颜祖、颜之仆、颜哙和颜何。接着，他又列举了家族中习武之人，从春秋时期，颜氏家族中就出现了武夫，像颜高、颜鸣、颜息、颜羽。此后，还有齐国的颜涿聚、赵国的颜冣，另外还有一个很著名的人物，就是被关羽斩杀的颜良。如此等等，从秦、汉、魏、晋直到齐、梁，颜氏家族中没有一人是因为带兵打仗而取得高官厚禄或留下好名声的。而且无论是武夫，还是将军，最终皆遭到了祸败。故而，颜之推牢记家族前人好兵致祸的惨痛教训，"吾既羸薄，仰惟前代，故真心于此，子孙志之"，劝诫子孙弃武从文。

颜之推遭逢战乱，"三为亡国之人"，可谓九死一生。因此，他在晚年回首往事，对武力是深恶痛绝的。在他眼中，无论是正义的，还是非正义的战争，参与战争的人都没有好下场。同时，他更为痛恨那些凭着自己有点儿力气，就卖弄拳脚，充当所谓形迹诡秘的剑客的人。这种人重则身陷死亡，轻则招来耻辱，几乎无一幸免。所以，他谆谆告诫后代，千万不要做这样的武夫。

颜之推弃武从文的观点的确让人强烈地感受到了他保身自全的思想，但这正是他所处的那个动乱时代所赋予他的思想。

事实上，他的这种思想在《家训》的不少篇章中都有所体现，比如，他劝诫子孙知足少欲，生活、做官都要处于中游，其根本目的就是为了要免除祸患；他虽然赞同舍生取义，但他却反复告诫子孙要珍惜生命，学会养生。即使在谈到写文章时，他也不忘记把自己的教训告诉子孙。江南人写文章有一个习惯，写完后，都要去征求别人的意见，得知自己文章毛病所在后，再修改，这样的文章自然越改越精。后来，颜之推到了北方后，发现这里的风俗与江南不同，这里的人是不允许别人批评自己的文章的。而颜之推一开始并不知道，所以因为这事儿还得罪了一些人。孔子说："三人行必有我师焉。"好文章自然是在不断的切磋、反复的推敲中形成的，一味孤芳自赏，对文章的创作有害无益。颜之推当然是明白这一点的，但他为了子孙的安全，还是告诫他们不要随便议论别人的文章，以免为人所嫉恨。可见，颜之推在《家训》中的每一个角落都不忘教导子孙如何保身自全。尽管他的这一思想有消极的一面，但我们却能够从中深深地感受到颜之推作为一个长辈对后代子孙那份深沉的爱。

第 11 章

垂范后世

　　比较完整系统的家训最早出现在魏晋南北朝时期，比如诸葛亮的《诫子书》、嵇康的《家诫》、杜预的《家诫》、陶渊明的《责子》等。在《颜氏家训》后，也有司马光、陆游、曾国藩等撰写的家训，但无论是前者，还是后者，在广度和深度上都无法与《颜氏家训》相比。宋代著名藏书家陈振孙认为："古今家训，以此为祖。"他这个评价是很有道理的。

一、对颜氏家族的影响

　　颜之推写下被称为"一位父亲的叮咛"的《家训》，直接受到训教的自然是他的三个儿子。其后子孙也多有作为，这是时代的孕育、个人的努力的结果，也与颜家有这样的家训有关。颜之推的长子思鲁在隋任东宫学士，入唐后为秦王府记室参军。次子愍楚仕隋为中书通事舍人。三子游秦在隋时典校秘阁，唐初为州刺史。思鲁长子籀，字师古，为唐代的经学大家。颜师古曾在贞观年间选校了《周易》《尚书》《毛诗》《礼记》《左传》为"五经定本"，成为此后各级学校和科举考试的标准教材。又奉太子李承乾之命注《汉书》，成为流传至今的史学经典。同时，还有《匡谬正俗》和《急就章注》等语言文字学方面的专著传世。在谈及书法时，颜之推在《家训》中留下了"此艺不须过精"的教诲。到了唐代，人们的思想面貌较之魏晋南北朝时发生了重大变化。颜家子弟再也不必恪守这一训教。加上颜家原有的书法基因，便出现了颜真卿这样的书法大家。颜真卿是颜之推的五世孙。他的书法端庄、从容，形成独有的字体——"颜体"，开创出新的书法风格。颜真卿晚年亲笔书写了著名的《颜氏家庙碑》，代表了颜真卿楷书的最高成就。碑文详细地叙述了颜氏源流及世系，介绍了颜氏家族的发展脉络，体现出颜氏家族绵延不断的家族文化。

二、对社会文化的影响

《颜氏家训》对后世的影响体现在教育学价值、学术价值及文献学价值三个方面。

《颜氏家训》的教育学价值

《颜氏家训》作为一部成熟的家训著作，首要的一点就是书中蕴含着极具价值的教育观以及可资借鉴的教育方法。

颜之推所提倡的家庭教育的内容可谓丰富多彩，其中涵盖了语言教育、道德教育、立志教育、生命教育、独立性教育、学习态度的培养等诸多方面，既重视知识技能的学习，又强调良好的道德品质和个性、独立性的养成。对于家庭教育的方法，颜之推主张严爱结合、平等相待、以身示教。颜之推对于子女的教育强调上行下效，做家长的要起到一个表率作用，所谓"欲正人先正己",他在《治家》篇中写道:"夫风化者,自上而行于下者也,自先而施于后者也。是以父不慈则子不孝,兄不友则弟不恭,夫不义则妇不顺矣。"其次,他又提出了榜样教育法,《名实》篇中这样写道:"且劝一伯夷,而千万人立清风矣;劝一季札,而千万人立仁风矣;劝一柳下惠,而千万人立贞风矣;劝一史鱼,而千万人立直风矣。"最后,他依旧主张棍棒体罚法,尽管他强调要以正面教育、鼓励教育为主,但他仍然认为"笞怒废于家,则竖子之过立见。"当劝说教育不管用的时候,还是要体罚的。尽管从今天的教育观来看,体罚是不近人情的,是应该完全废弃的,但颜之推所提倡的对孩子要严慈并济,不娇惯,不偏宠,对现代家庭教育还是有颇多启示的。

颜之推在《家训》中阐释了多种教育方法,但他更倾向于指导性提示,而很少有非常明确的行为规范,正因为如此,才使得《家训》不再只是颜氏家族的治家之法,而成为历朝历代的治家之法,时至今日,我们仍能从中汲取到适用于现代教育的诸多营养。

《颜氏家训》的学术价值

在《家训》中,颜之推不仅专门写了《文章》篇,而且还写了两篇看似与家训毫不相关的《书证》和《音辞》,他之所以不惜笔墨地把自己的学术观点和研究成果写入《家训》,其主要目的并不在学术研究本身,其根源在于学术传承与家族关系之密切。

颜之推的文论精义和文学思想都集中反映在《文章》篇中,他把文章的功用概括为道德教化和审美愉悦两个方面,相比之下，颜之推更看重文章的道德教化功能，他认为"朝廷宪章，军旅誓诰，敷显仁义，发明功德，牧民建国，施用多途。至于陶冶性灵，从容讽谏，入其滋味，亦乐事也。行有余力，则可习之。"同时，他也并不一概否定文学"陶冶性灵"的作用，对于文学创作，颜之推提出了"天才论"，他指出："学问有利钝，文章有巧拙。钝学累功，不妨精熟；拙文研思，终归蚩鄙。但成学士，自足为人。必乏天才，勿强操笔。"颜之推敏锐地感觉到文学创作具有其自身的特点，它并不是仅靠刻苦钻研就能做到的，它更需要创作者本身所具有的逻辑思维、审美感受和文辞能力以及创作灵感来进行协作，因此，那些本无天分而勉强创作的人必然会遭到世人的嘲笑。同时，颜之推虽然强调"天才"，却也并不排斥学问在写作中的重要作用。仅有天分，而无学识，写出的文章同样会贻笑大方。

对于文风，颜之推提倡深沉平实的文风，反对当时盛行的浮艳之风，并提出了"以古之制裁为本，今之辞调为末，并须两存，不可偏弃"的文体改革主张。该主张兼顾内容形式，调和古今，综合南北，遂成为后来南北文化融合的先声。

另外，颜之推还对文人的德行进行了充分的论述，反映出他对文德的高度重视。《文章》一篇虽非学术论文，但其字里行间却对南北朝文学思想作了总结性的论述。

《书证》篇汇集了颜之推对经史典籍以及各种字书、韵书的考证四十余条，《勉学》《文章》《音辞》等篇中也涉及不少文献校勘问题。尽管在我们今天看来，其中所得的一些结论未必正确，但他所总结的校勘理论与研究方法仍是值得借鉴的。

《音辞》篇是一篇学术价值很高的音韵学论文，为后人研究中国音韵学发展史提供了有力的事实。

颜之推在《家训》中所留下的学术观点和研究成果，早已超越了家学传承的范围，而为后人留下了诸多有价值的理论成果。

《颜氏家训》文献学价值

《家训》写作内容庞杂，涉及南北两地，这就使得它具有了极高的文献学价值。书中记载了南北朝时期的某些社会风俗，特别是分别记载了南北两地不同的风俗习惯。家庭生活风俗方面，比如南北两地对后娶的不同态度、所带来的不同后果。又记载了南北两地妇女在家庭生活中的不同作用和地位。此外，还有南北两地人的生活趣事等等。社会生活礼仪风俗方面，如丧葬风俗、称谓风俗、迎送宾客的礼节等等。文化风俗方面，如南北文风、语言习惯、南北文人的不同风习等。《音辞》篇中还保留了不少中古的音韵资料。

《家训》中的这些记载无疑都为后人研究南北朝时期的文化现象，特别是家庭生活状况提供了弥足珍贵的资料。由此可见，《颜氏家训》对后世的意义是不可低估的。

当然，在肯定《家训》积极意义的同时，也应该看到这部书也存在着一些缺陷。颜之推作为那个时代的士大夫，在思想上必然有着时代的局限性。比如他对佛教"三世说"和因果报应的深信不疑、对妇女的轻视、主张棍棒教育法、无论正义与否一味反对武力战争，另外，他主张对书法、绘画等各类"杂艺"只可习之，不可过精的理论，等等，在今天看来，都有不当之处。同时，一些考证文章也存在着某些错误。然而，瑕不掩瑜，《颜氏家训》仍不失为一部内容丰富、体系宏大，且具有学术价值的家训巨作。

附 录

年 谱

531 年（梁武帝中大通三年）　颜之推生于湖北江陵。

542 年（大同八年）　在江州跟随湘东王萧绎，为其门徒。

549 年（太清三年）　任湘东王萧绎王国右常侍，萧绎任镇西将军、荆州刺史后，又加授镇西墨曹参军。

550 年（简文帝大宝元年）　湘东王萧绎以世子萧方诸为中抚军将军、郢州刺史，之推为中抚军外兵参军，掌管记。

551 年（大宝二年）　侯景派兵攻陷郢州后被俘，被侯景行台郎中王则所救，免于被杀，被囚送建康。

552 年（元帝承圣元年）　湘东王萧绎即位于江陵后，自建康回到江陵，任散骑侍郎，奏舍人事，奉命校书。

554 年（承圣三年）　西魏攻陷江陵后，被遣送到弘农李远处掌书翰。

556 年（北齐文宣帝天保七年）　奔北齐，任奉朝请，开始撰写《颜氏家训》。

558 年（天保九年）　跟随文宣帝高洋北巡。

565 年（后主天统元年）　任赵州功曹参军。

566 年（天统二年）　被后主调到京师邺城。

572 年（武平三年）　宰相祖珽采纳之推建议，奏立文林馆，又奏撰《御览》。之推除司徒录事参军，与李德林同主持文林馆事，并主编《御览》，任通直散骑常侍，中书舍人，再迁给事黄门侍郎。

575 年（武平六年）　以军国资用不足，提出对关市、舟车、山泽、盐铁、店肆征税的建议。

576 年（隆化元年）　太子高恒即皇帝位，尊后主为太上皇。之推与薛道

151

衡等劝太上皇往河外募兵，组织抵抗北周军队，如果不胜，则南投陈朝。周武帝平齐之后，之推与阳休之等十八人同征，随驾赴长安。

580 年（周静帝大象二年） 为御史上士。

582 年（隋文帝开皇二年） 上奏请依梁国旧事，考订雅乐，文帝不从。长安农民掘得秦时铁称权，之推奉敕写读之。太子杨勇召之推为学士。又曾奉敕与魏澹、辛德源重修《魏书》。

583 年（开皇三年） 奉命接待陈使阮卓。

584 年（开皇四年） 参与历法的讨论。

589 年（开皇九年） 《颜氏家训》撰写完成，之推六十余岁在长安病逝。

主要著作

1. 《颜氏家训》七卷，目前最好的版本是王利器撰：《颜氏家训集解》，中华书局 1993 年 1 月版。

2. 《还冤志》三卷，收于《说郛》。

3. 《观我生赋》一卷，收于《北齐书》卷四五《文苑·颜之推传》。

4. 散佚：《颜黄门集》三十卷，《证俗音字》四卷，《训俗文字略》一卷，《字始》三卷，《急就章注》一卷，《笔墨法》一卷，《集灵记》二十卷，《稽圣赋》三卷，《征应集》二卷，《七悟》一卷。

参考书目

1. 王利器：《颜氏家训集解》，中华书局，1993 年。

2. 缪钺：《颜之推年谱》，载《读史存稿》，三联书店，1963 年。

3. 〔唐〕房玄龄等：《晋书》，中华书局，1974 年。

4. 〔唐〕姚思廉：《梁书》，中华书局，1973 年。

5. 〔唐〕李百药：《北齐书》，中华书局，1972 年。

6. 〔唐〕令狐德棻：《周书》，中华书局，1971 年。